W9-AAG-562

This is a **circle**.

✓ 2 ◯ .

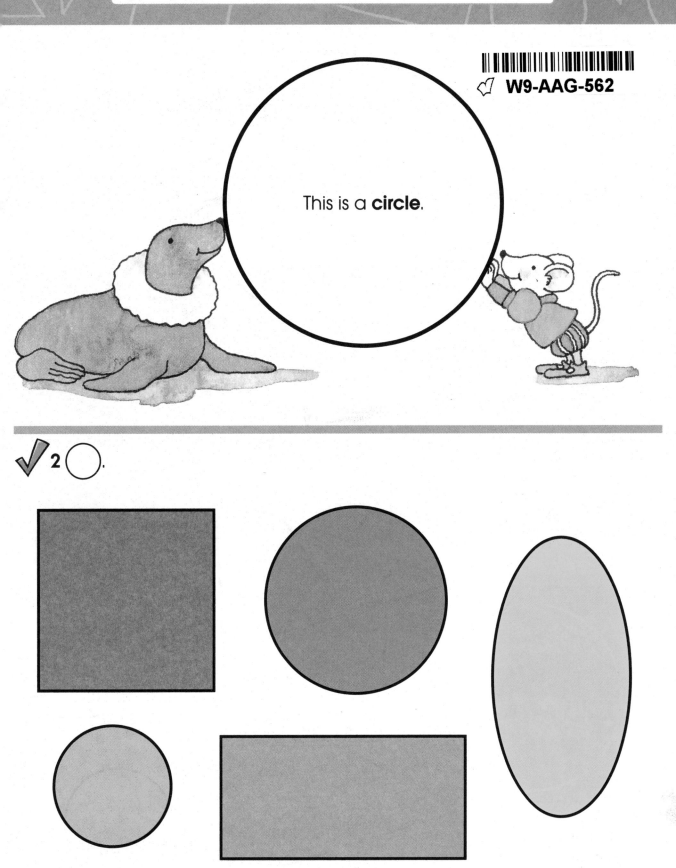

Circles

Color the ◯.

Color **2** ◯.

Finding & Coloring a Circle

Color the ◯ orange.

Tracing & Drawing Circles

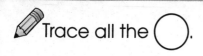 Trace all the ◯.

 Finish the ◯. Then draw a ◯.

Circle Search

✓ all the ◯ in the picture.

✏️ How many ◯ did you find?   **5   6   7**

This is a **square**.

✓2 ☐.

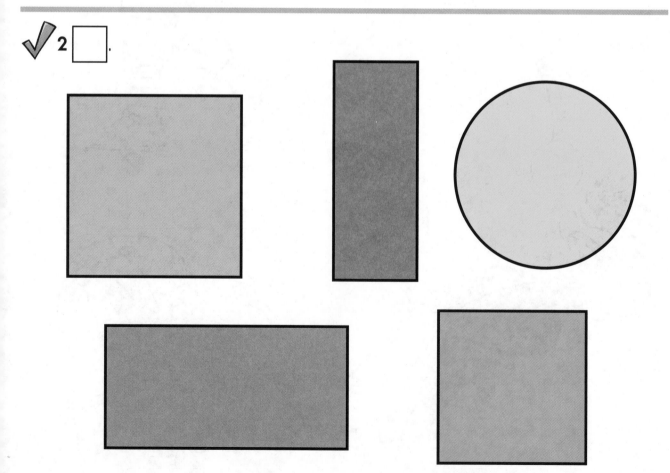

Color the ☐.

Color **2** ☐.

 Color the ☐ red.

Tracing & Drawing Squares

✏️ Trace all the ☐.

✏️ Finish the ☐. Then draw a ☐.

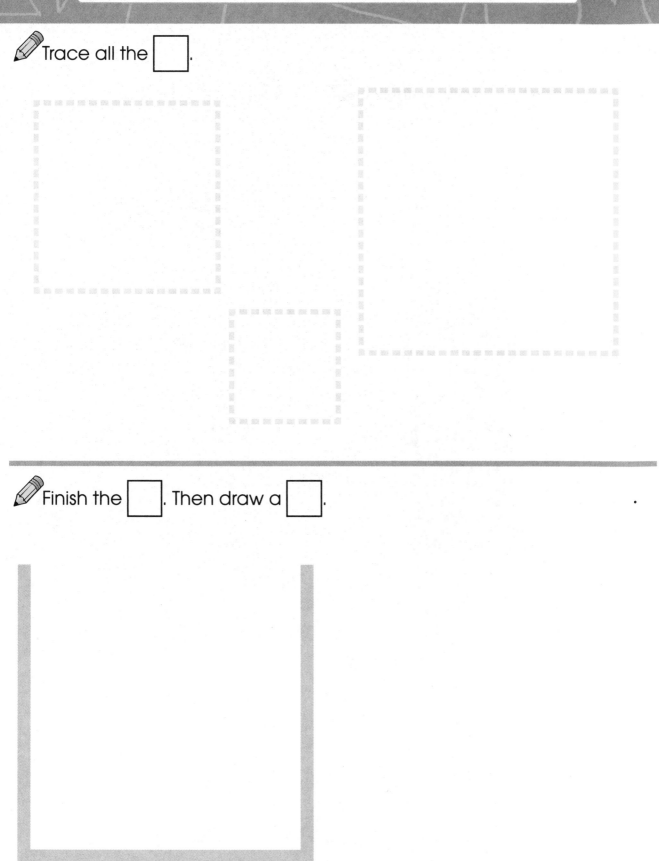

Squares

Square Search

✓ all the ☐ in the picture.

✏ How many ☐ did you find? **5   6   7**

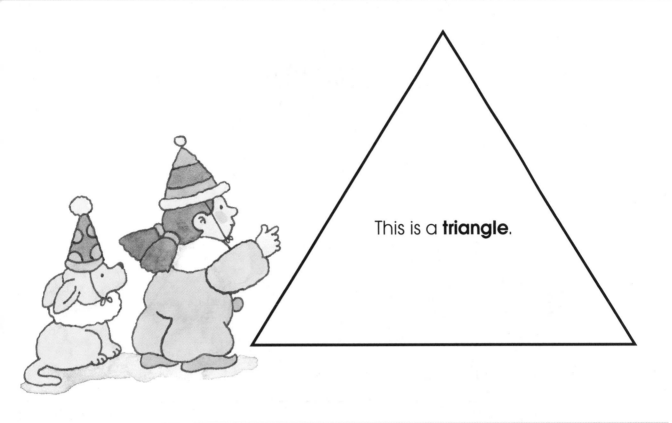

This is a **triangle**.

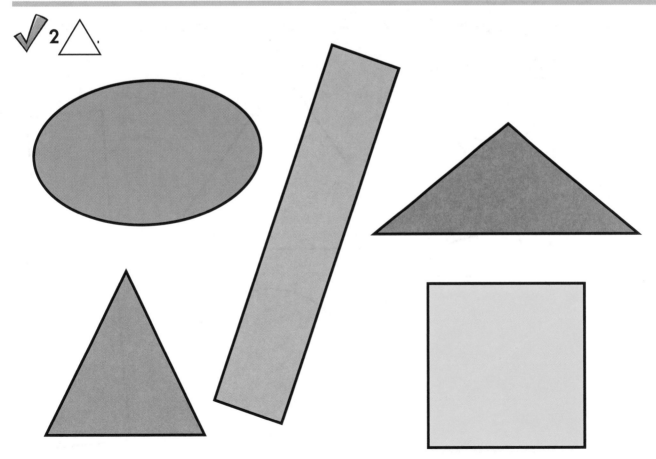

✓ 2 △.

Color the △.

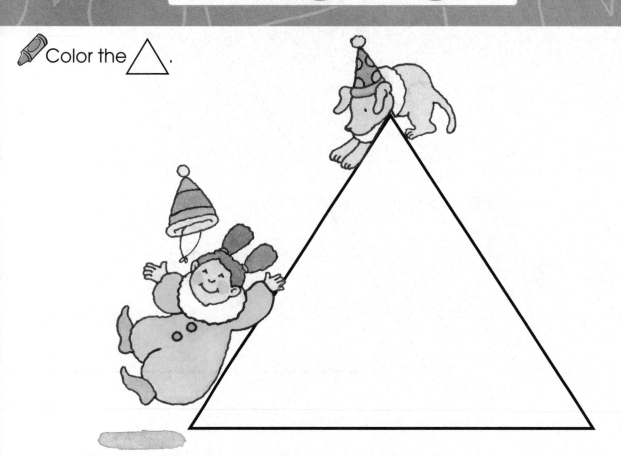

Color **2** △.

Finding & Coloring a Triangle

Color the △ yellow.

Tracing & Drawing Triangles

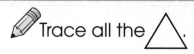 Trace all the △.

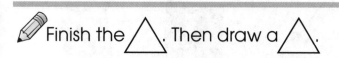 Finish the △. Then draw a △.

 all the △ in the picture.

✎ How many △ did you find? **5   6   7**

This is a **rectangle**.

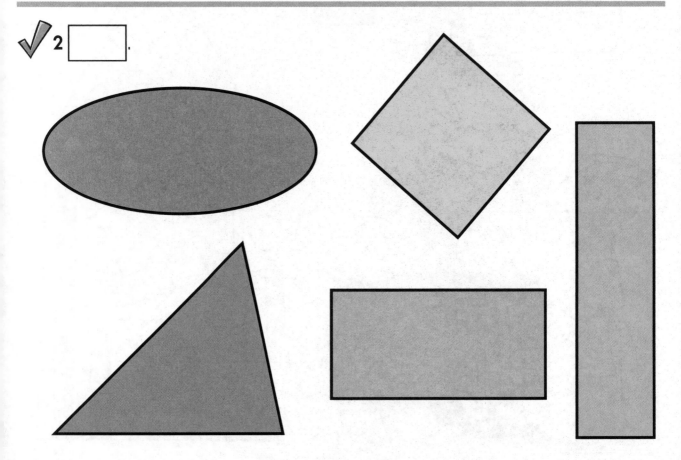

2

Coloring Rectangles

Color the [ ].

Color 2 [ ].

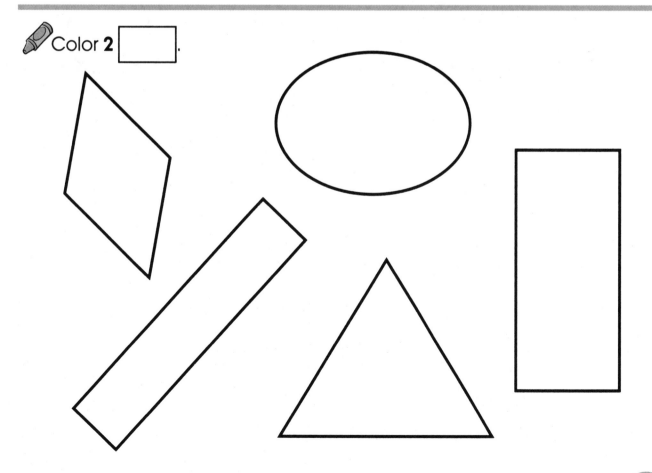

Color the ☐ green.

Tracing & Drawing Rectangles

Trace all the ☐.

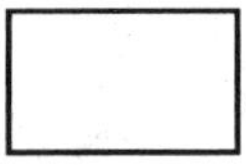

Finish the ☐. Then draw a ☐.

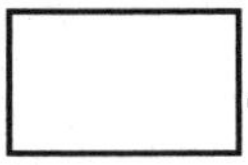

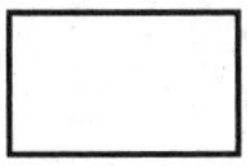

✓ all the ☐ in the picture.
How many ☐ did you find? **5   6   7**

This is an **oval**.

✓ 2 ⬭.

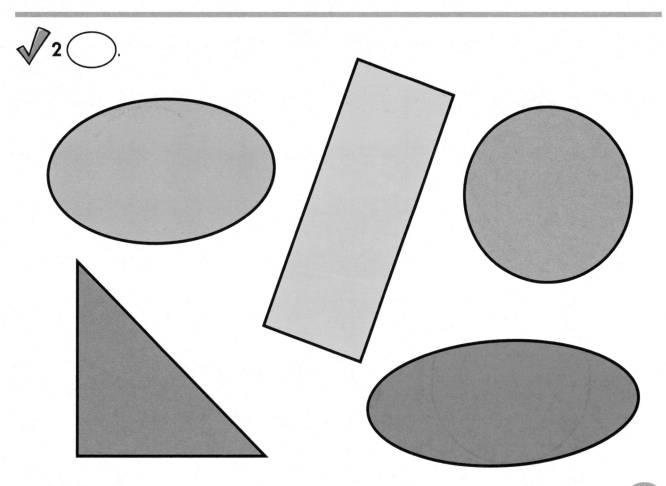

Color the ⬭.

Color 2 ⬭.

 Color the ◯ blue.

Tracing & Drawing Ovals

Trace all the ⬭.

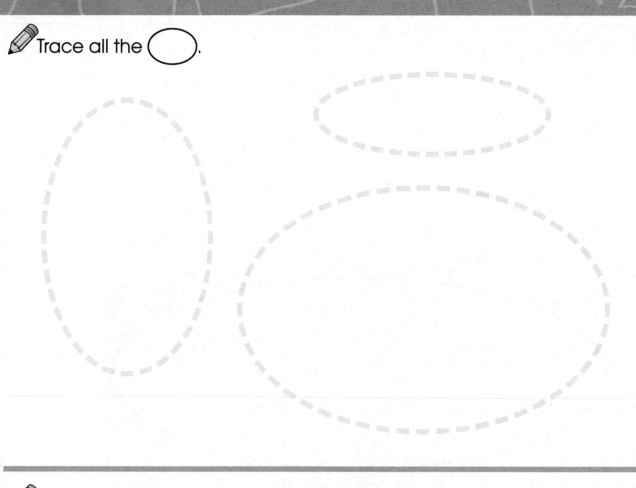

Finish the ⬭. Then draw an ⬭.

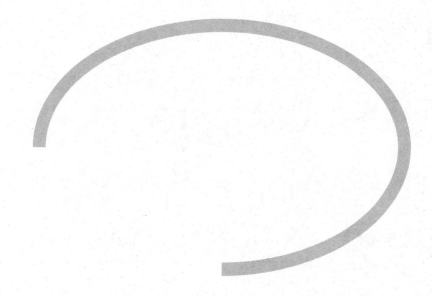

✓ all the ◯ in the picture.

How many ◯ did you find? **6 7 8**

Draw lines between the shapes that **match**.

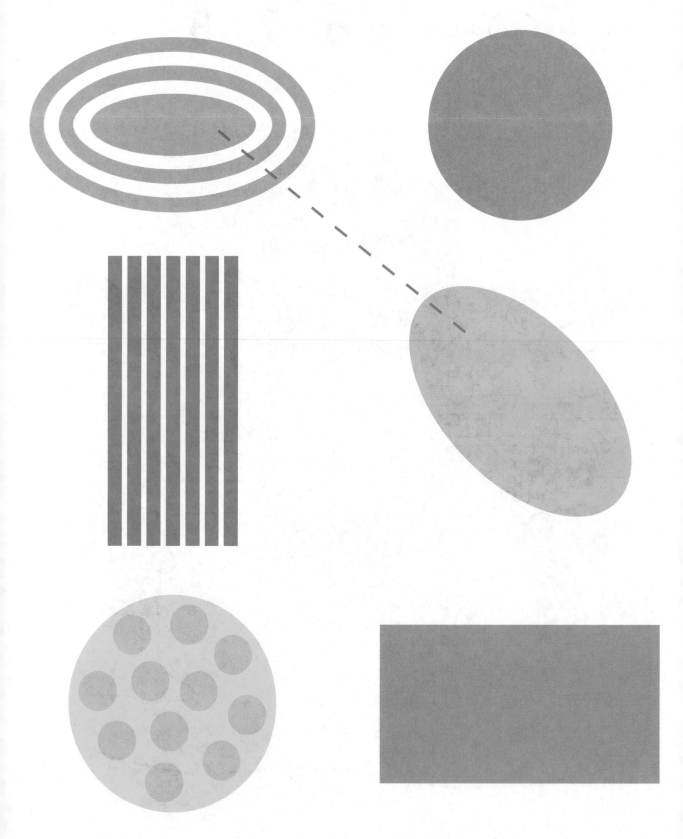

Draw lines between the shapes that **match**.

Finding & Coloring Shapes

Color all the ◯ purple.

Color all the ▭ red.

Finding & Coloring Shapes

Color all the △ yellow.

Color all the ▭ green.

Finding & Coloring Shapes

Color all the ◯ orange.

Color all the ▢ blue.

Finding & Coloring Shapes

Color all the ▭ red.

Color all the △ green.

Color all the ◯ yellow.

Color all the ▢ blue.

Tracing & Drawing Shapes

Trace the □. Then draw a □.

Trace the ○. Then draw a ○.

Trace the △. Then draw a △.

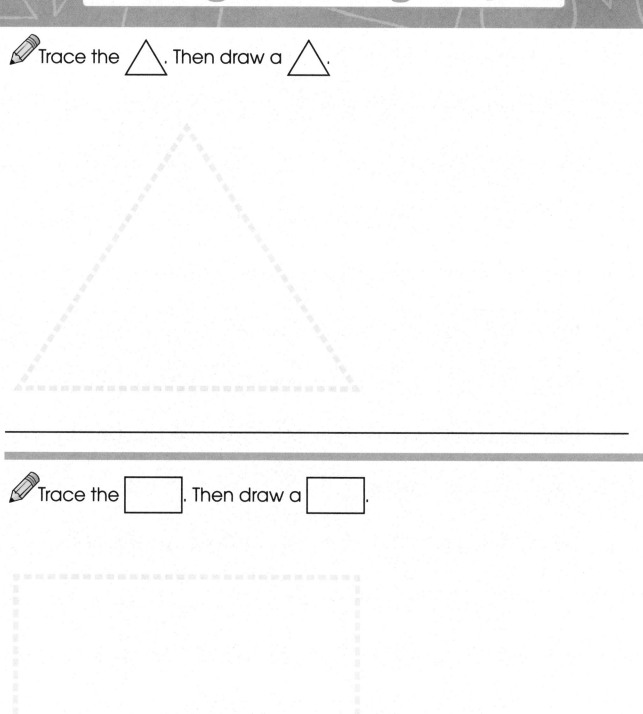

Trace the ▭. Then draw a ▭.

Matching Shapes

Draw lines between the shapes that **match**.

circle

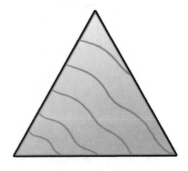

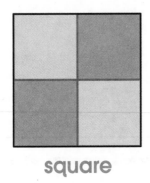

square

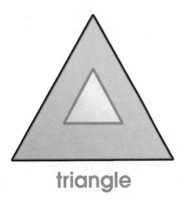

triangle

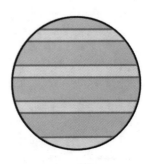

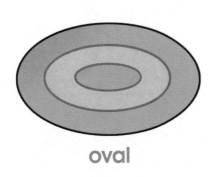

oval

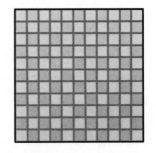

Draw lines between the shapes that **match**.

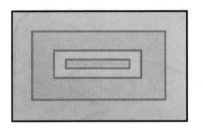

rectangle

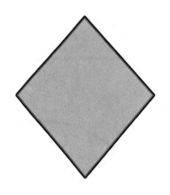

heart

diamond

star

Color the picture.

△ = green   ◯ = yellow   ☐ = purple

© School Zone Publishing Company 06364

Color by Shape

 Color the picture.

▭ = pink ⬭ = blue ◇ = purple

Color the picture.

△ = green ○ = blue ▢ = brown

Color the picture.

□ = orange ⬭ = brown ◇ = green

Color the picture.

△ = purple ◯ = brown ☐ = blue

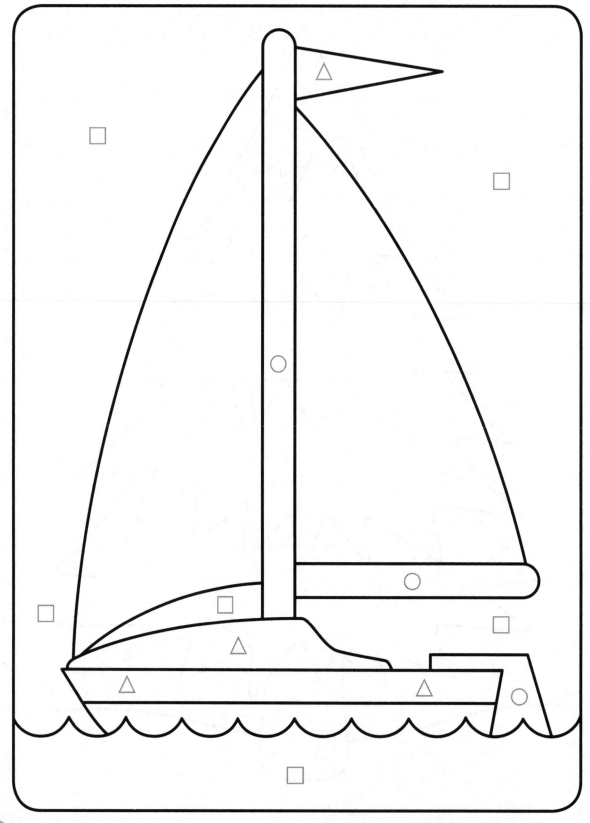

Color by Shape

Color the picture.

☐ = purple ◯ = green ◇ = orange

Color the picture.

△ = green ◯ = **blue** ▢ = tan

Color by Shape

Color the picture.

☐ = green △ = orange ◯ = blue ◇ = brown

Color by Shape

✏️ Color the picture.

▭ = **green**   ◯ = **brown**   ⬭ = **blue**   ◇ = **gray**

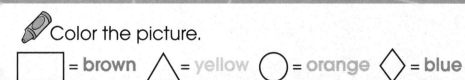

Color by Shape

Color the picture.

☐ = **brown** △ = yellow ◯ = orange ◇ = **blue**

Color the picture.

☐ = **blue** △ = yellow ◯ = **brown** ◇ = pink

© School Zone Publishing Company 06364

Color by Shape

 Color the picture.

△ = tan ◯ = **brown** ☐ = green ◇ = **blue**

Shapes 47

Color by Shape

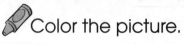

Color the picture.

▭ = **blue** ◯ = pink ⬭ = **brown** ◇ = gray

Color by Shape

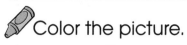 Color the picture.

△ = pink ◯ = purple ▢ = yellow ◇ = blue

Color by Shape

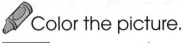 Color the picture.

☐ = brown   △ = red   ◯ = purple   ☐ = green   ◇ = blue

Color by Shape

Color the picture.

☐ = **blue** △ = green ◯ = yellow ☐ = **dark green** ◯ = **blue**

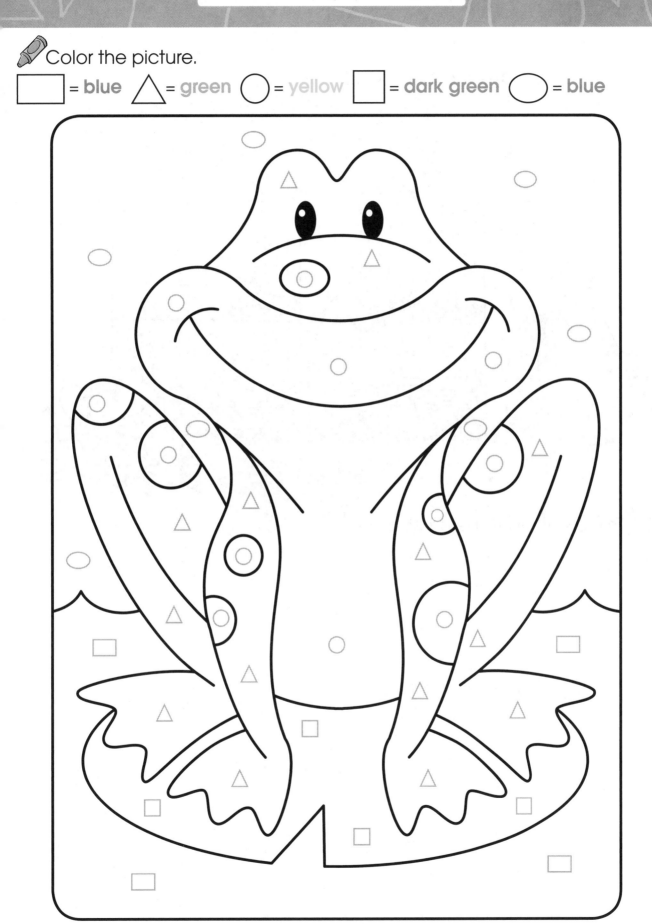

1
one

● **One** mouse is in the house.

✏️ Trace and write the number 1.

1

🖍️ Color 1 ☆.

Circle the groups of **one**.

2 two

Two dogs are chasing frogs.

✏️ Trace and write the number **2**.

🖍️ Color 2 ⭐.

Circle the groups of **two**.

Learning about the Number 2 55

Trace and write the numbers.

1

2

How many are there?
Write the numbers.

Fun with 1 & 2

🖉 Draw lines to match each group to the correct number.

3
three

••• **Three** cats are wearing hats.

✏️ Trace and write the number **3**.

🖍️ Color **3** ⭐.

© School Zone Publishing Company 06364

Circle the groups of **three**.

4
four

● ● ● ● **Four** goats are rowing boats.

✏️ Trace and write the number **4**.

🖍️ Color **4** ⭐.

Circle the groups of **four**.

Learning about the Number 4

Trace and write the numbers.

 How many are there?
Write the numbers.

Fun with 3 & 4

 Color **4** fish **red**.

 Color **3** fish orange.

 Color **2** fish **blue**.

 Color **I** fish yellow.

One, Two, Three, Four

✏️ Trace the numbers. Then write the numbers.

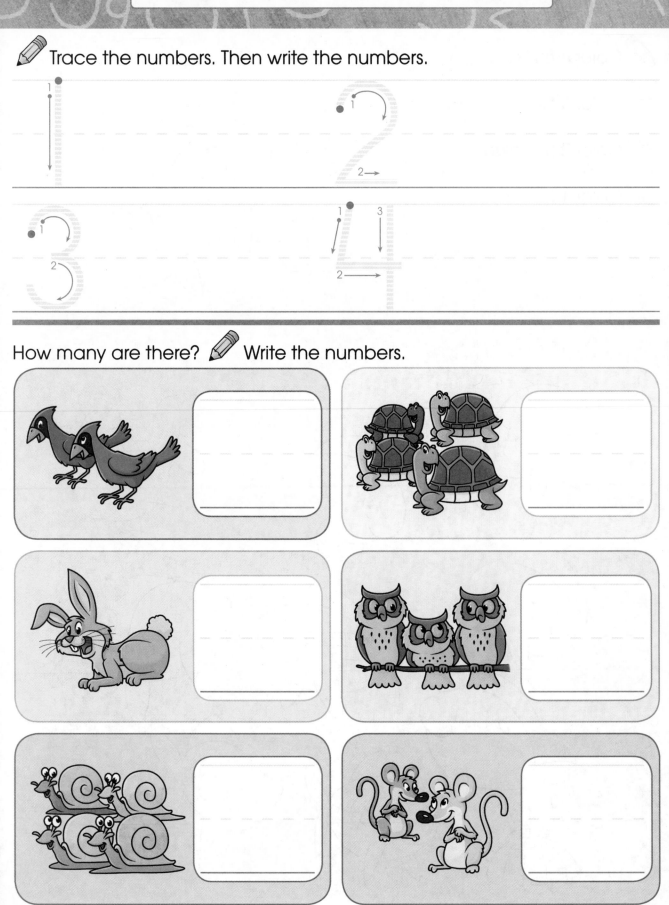

How many are there? ✏️ Write the numbers.

© School Zone Publishing Company 06364

Draw lines to help the bear get to the cave.
Use a different color to show each way.

MR. BEAR

How many ways can the bear get to the cave?　**2　3　4**

How many ways can the bear **not** get to the cave?　**2　3　4**

　　　Reviewing 1 through 4

Counting Under the Sea

How many do you see?
Write the numbers.

Color by Number

 Color the picture.

1 = pink 2 = purple 3 = yellow 4 = blue

5
five

● ● ● ● ● **Five** pigs are wearing wigs.

✏️ Trace and write the number **5**.

🖍️ Color **5** ⭐.

Circle the groups of **five**.

Learning about the Number 5 **69**

6

six

Six chicks are doing tricks.

 Trace and write the number **6**.

6 6 6

 Color **6** ☆.

✏️ Circle the groups of **six**.

✏️ Trace and write the numbers.

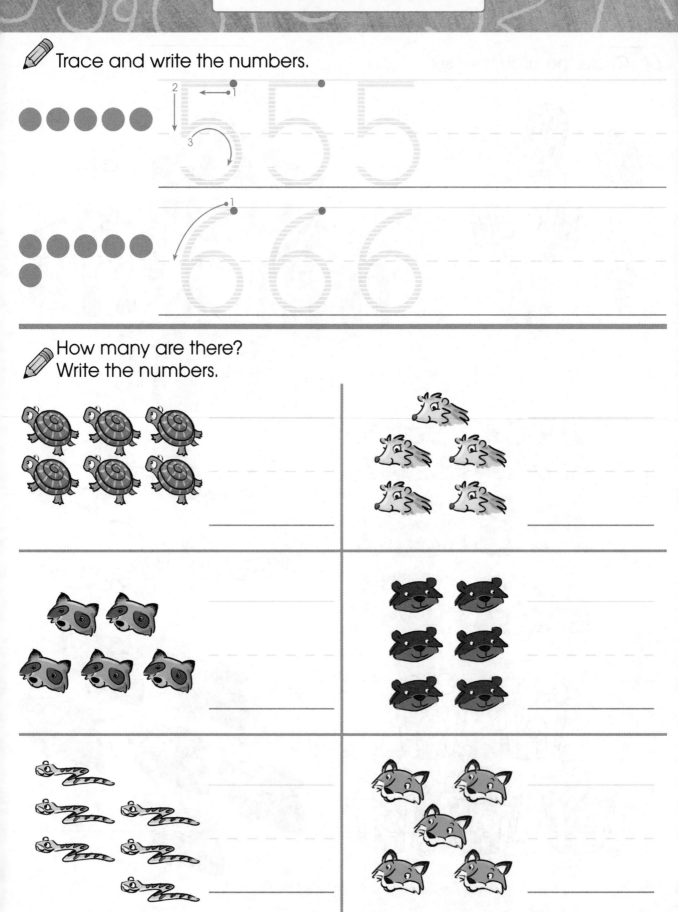

✏️ How many are there?
Write the numbers.

Fun with 5 & 6

Count the baby animals.
Circle how many there are of each.

     4   5   6 | 4   5   6 | 4   5   6

     4   5   6 | 4   5   6 | 4   5   6

7
seven

Seven sheep are in a jeep.

✏️ Trace and write the number **7**.

1 → 2
7 7 7

🖍️ Color **7** ☆.

Circle the groups of **seven**.

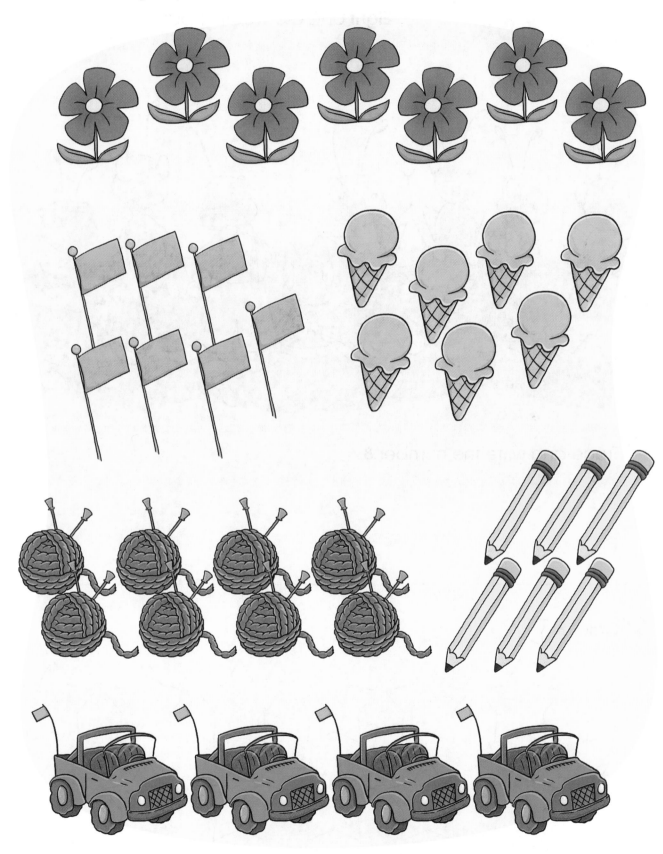

8 eight

Eight ants are wearing pants.

 Trace and write the number **8**.

 Color **8** ⭐.

Circle the groups of **eight**.

✏️ Trace and write the numbers.

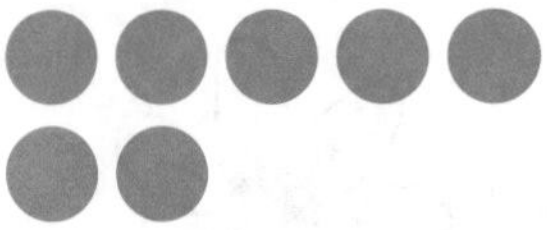

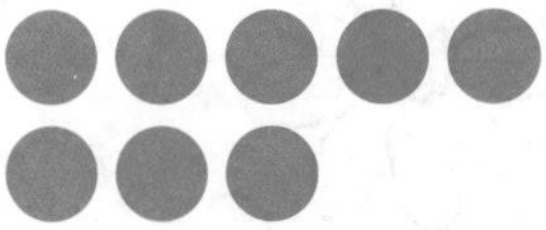

7 7 7 7 7

8 8 8 8

✏️ How many are there?
Write the numbers.

Fun with 7 & 8

 Count the insects and flowers.
Write how many there are of each.

✏ Trace the numbers. Then write the numbers.

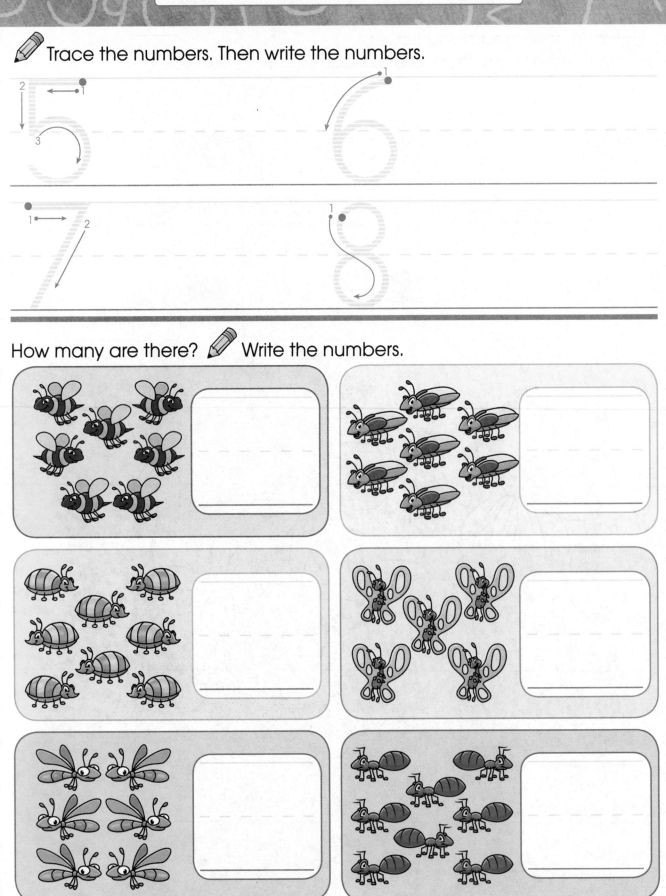

How many are there? ✏ Write the numbers.

The Road Home

Draw a line to help each animal find its way home.

How many?

How many?

How many?

Color How Many

Read each number.
Color that many pieces of fruit.

8

5

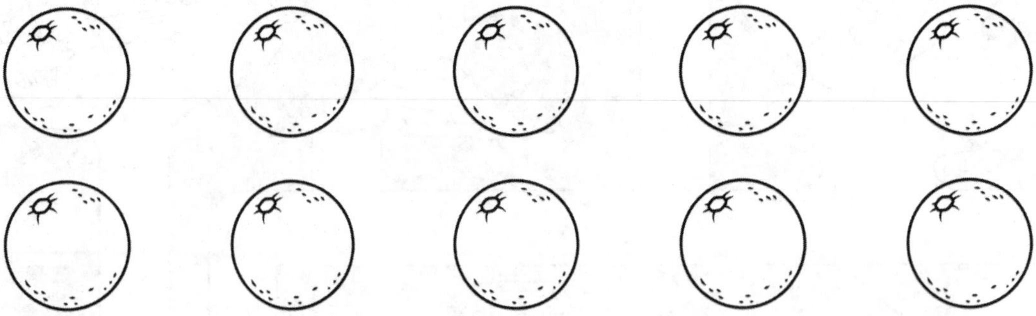

7

6

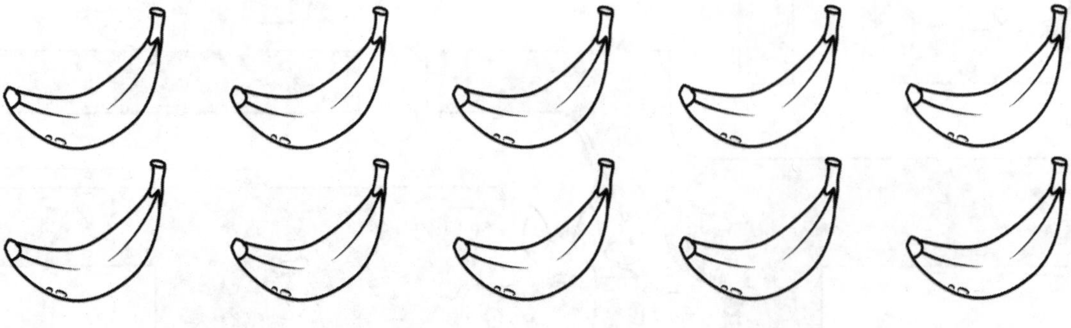

© School Zone Publishing Company 06364

Color the picture.

Color by Number

5 = yellow   6 = purple   7 = green   8 = blue

Reviewing 5 through 8   83

9

nine

Nine fish are on a dish.

✏️ Trace and write the number **9**.

🖍️ Color **9** ⭐.

Circle the groups of **nine**.

10
ten

●●●●●
●●●●●

Ten bees are having tea.

 Trace and write the number **10**.

 Color **10** ☆.

Groups of 10

✏️ Circle the groups of **ten**.

✏️ Trace and write the numbers.

9 9 9 9

10 10 10 10

✏️ How many are there?
Write the numbers.

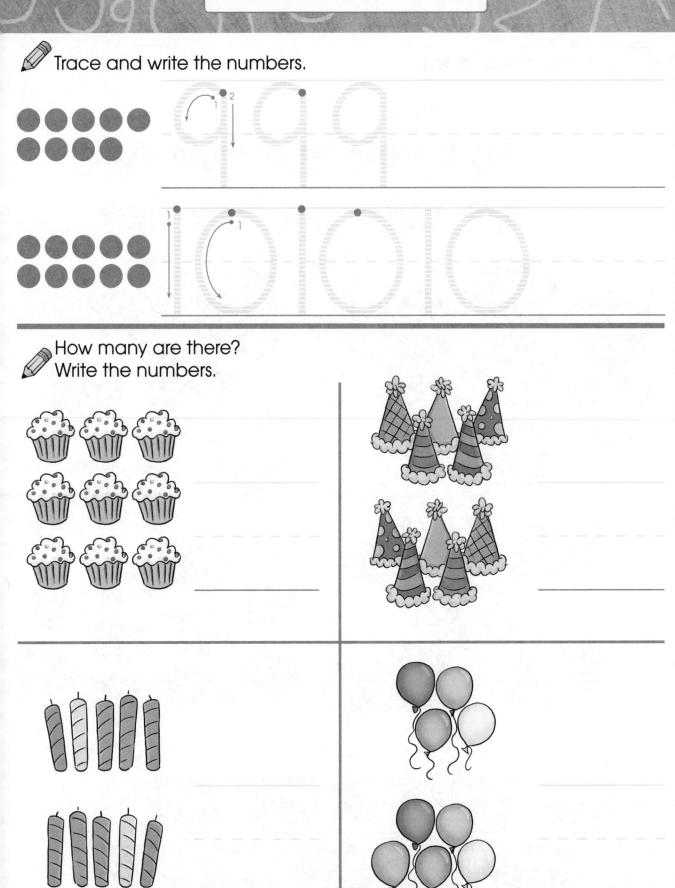

_____

_____

_____

_____

Fun with 9 & 10

✓ the 🐝.

✏️ Circle the 🐞.

✗ the 🕷️.

How many are there?

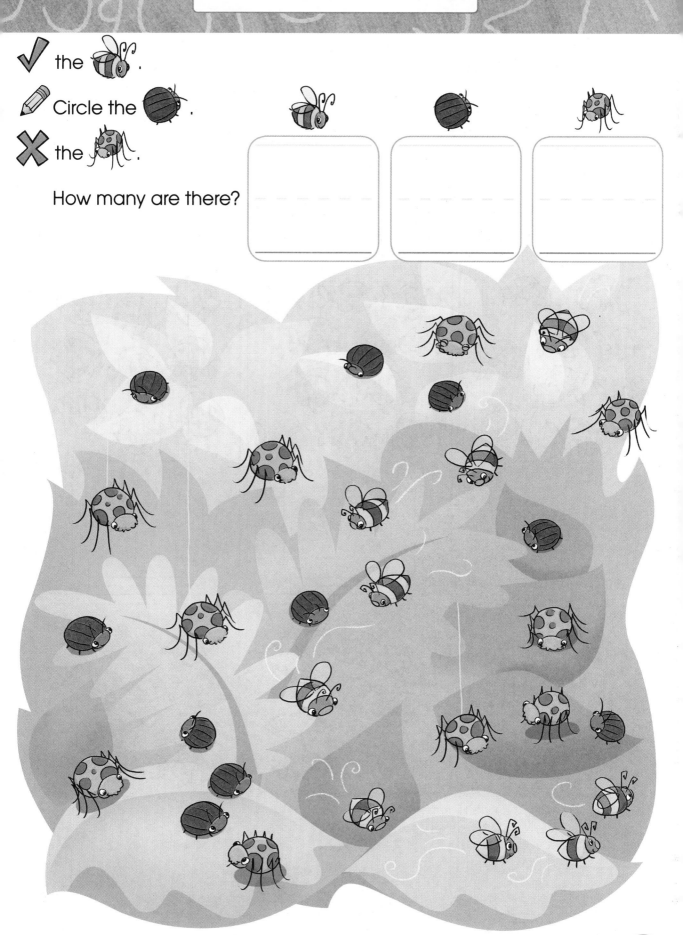

✏️ Trace the numbers. Then write the numbers.

9   10

How many are there? ✏️ Write the numbers.

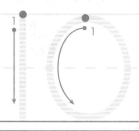

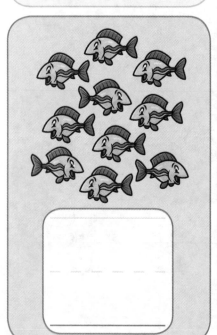

What's Missing?

Read the number in each box.
Draw the missing flowers.

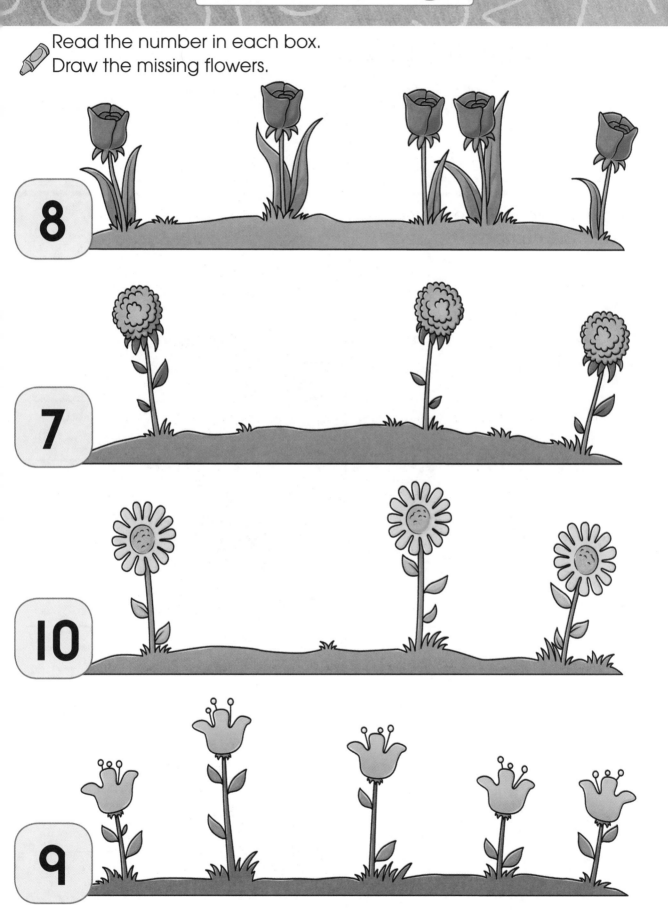

8

7

10

9

Trace and write the number **0**.

O O O

 How many birds are there?
Write the numbers.

Circle the nests that have **zero** birds inside.

Color by Number

 Color the picture.

6 = green 7 = red 8 = orange 9 = brown 10 = blue

Color the picture.

1 = yellow   2 = red   3 = orange   4 = green   5 = purple

Circle the numbers that are the **same** as the words.

5   6   3   2

7   8   4   1

10   7   3   4

10   9   2   4

Write the correct number on each line.

How many are there? _____

How many are there? _____

How many are there? _____

How many are there? _____

✏ Circle the numbers that are the **same** as the words.

two

10   7   1   2

five

4   12   5   8

four

4   10   9   5

six

12   6   7   3

© School Zone Publishing Company 06364

Write the correct number on each line.

How many are there? _____

How many are there? _____

How many are there? _____

How many are there? _____

Circle the numbers that are the **same** as the words.

 4   3   5   10

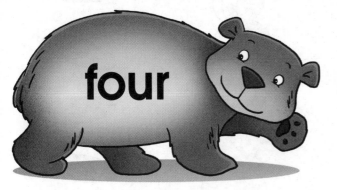 1   9   6   8

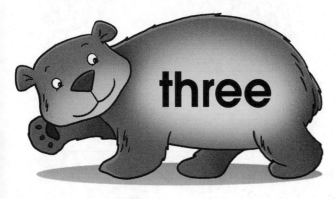 2   10   3   11

 7   12   8   4

Write the correct number on each line.

How many are there? _____

How many are there? _____

How many are there? _____

How many are there? _____

Visiting the Animals

Follow the numbers from **1** to **9**.
Draw a line on the path.

Pond

Chicken Coop

Vegetable Garden

Pig Pen

1

2

3

4

1·

one

✏️ Circle 1

✏️ Circle 1

✏️ Circle 1

2 ••
two

✏️ Circle **2** 🪣.

✏️ Circle **2** 🐄.

✏️ Circle **2** 🐱.

3 •••

three

✏ Circle **3** 🐸.

✏ Circle **3** 🐤.

✏ Circle **3** 🐞.

4 ●●●●
four

Circle **4** 🟫.

Circle **4** 🐰.

Circle **4** 🛒.

5 ●●●●●
five

Circle **5** 🦆.

Circle **5** ⌒.

Circle **5** 🐭.

6 ⬤⬤⬤⬤⬤⬤
six

✏️ Circle **6** 🍽️.

✏️ Circle **6** 🥛.

7

seven

✏️ Circle **7** 🪹.

✏️ Circle **7** 🐤.

8 ●●●●● ●●●
eight

✏️ Circle **8** 🦋.

✏️ Circle **8** 🐤.

9
nine

Circle 9 🚩.

Circle 9 🍦.

The Bakery

10
ten

✏️ Circle **10** 🍭 .

✏️ Circle **10** 🍩 .

✏️ Circle **10** 🧁 .

Lollipops

✏️ Find and circle the numbers **1-10**.

An Afternoon Outside

Circle **1** hidden .

Circle **2** hidden .

Circle **3** hidden .

Circle **4** hidden .

Color by Number

 Color the picture.

1 = **purple** 2 = **red** 3 = orange 4 = green 5 = **blue**

Color the picture.

6 = yellow   7 = brown   8 = **black**   9 = red   10 = blue

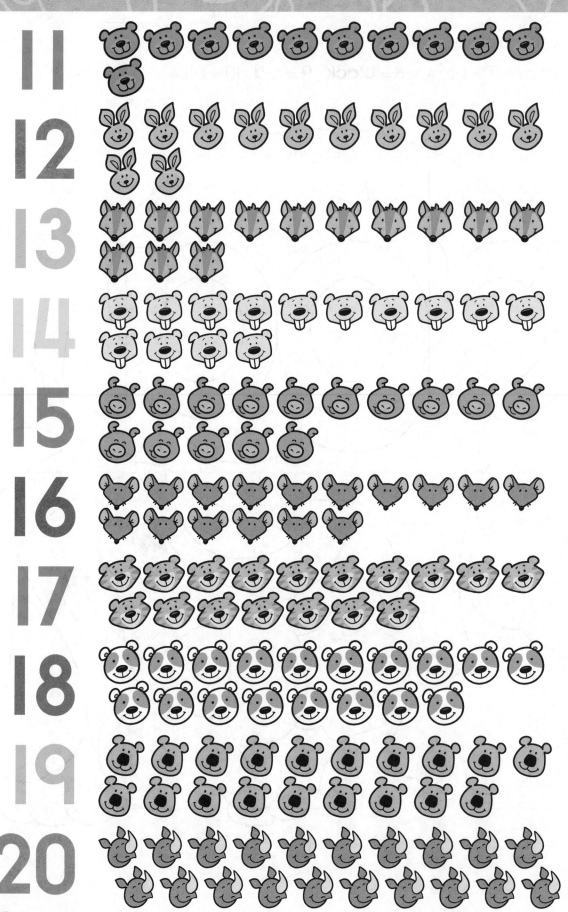

11

12

13

14

15

16

17

18

19

20

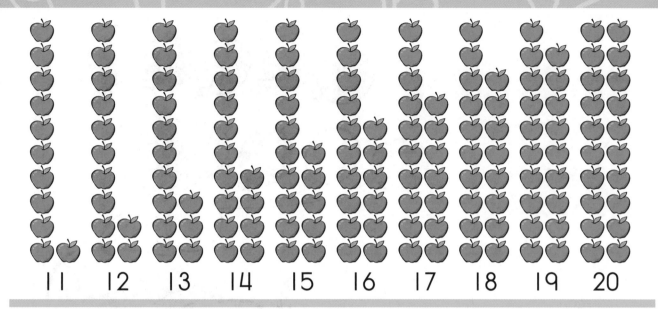

11 12 13 14 15 16 17 18 19 20

Count the apples. ✏ Circle the apples in groups of 10, then match.
The first one is done for you.

	10 and More	**Number**
1.	10 and 3	11
		12
2.	10 and 5	13
		14
3.	10 and 2	15
		16
4.	10 and 7	17
5.	10 and 10	18
		19
6.	10 and 6	20

11

eleven

 Trace and write the number 11.

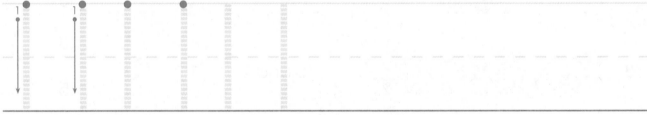

 Draw 11 ◯.

Color 11 🦋.

Circle 11 🐦.

Learning about the Number 11

12
twelve

Trace and write the number **12**.

Draw **12** ☐.

Water World

Circle **12** 🐟.

Color **12** 🦀.

13
thirteen

✏️ Trace and write the number 13.

13 13 13

✏️ Draw 13 △.

Bird's Eye View

Circle **13** 🕊️.

Color **13** 🦜.

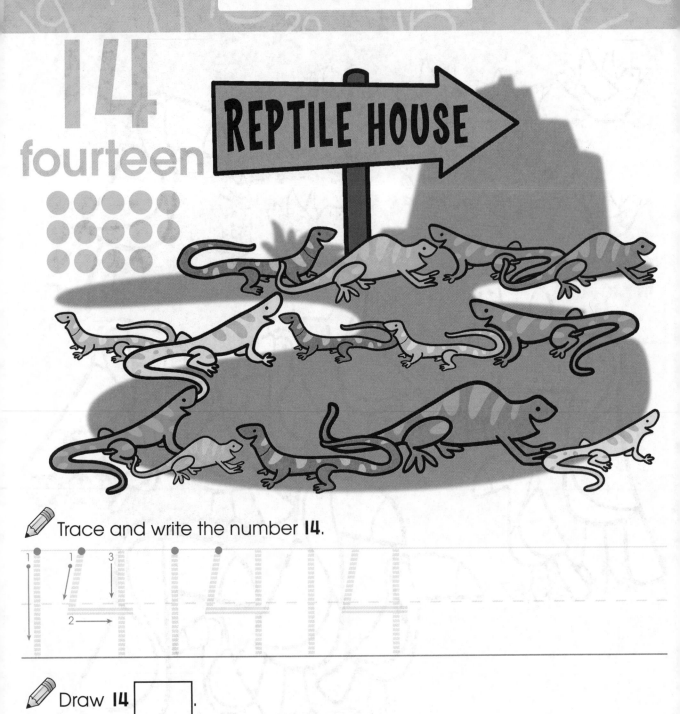

14
fourteen

REPTILE HOUSE

✏️ Trace and write the number **14**.

✏️ Draw **14** ☐ .

Reptile Roundup

SNAKES

Circle 14 🐍.

Color 14 🦎.

Color by Number

 Color the picture.

11 = **brown**   12 = green   13 = yellow   14 = **blue**

Color the picture.

11 = yellow   12 = red   13 = green   14 = blue

15
fifteen

 Trace and write the number **15**.

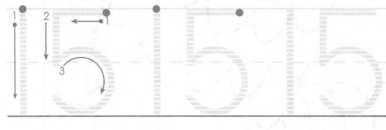

 Draw **15** ◯.

Flamingo Friends

Circle **15** 🌲.

Color **15** 🦩.

16
sixteen

Trace and write the number **16**.

16 16 16

Draw **16** ◯.

Circle **16** 🍎.

Color **16** 🌸.

Learning about the Number 16

133

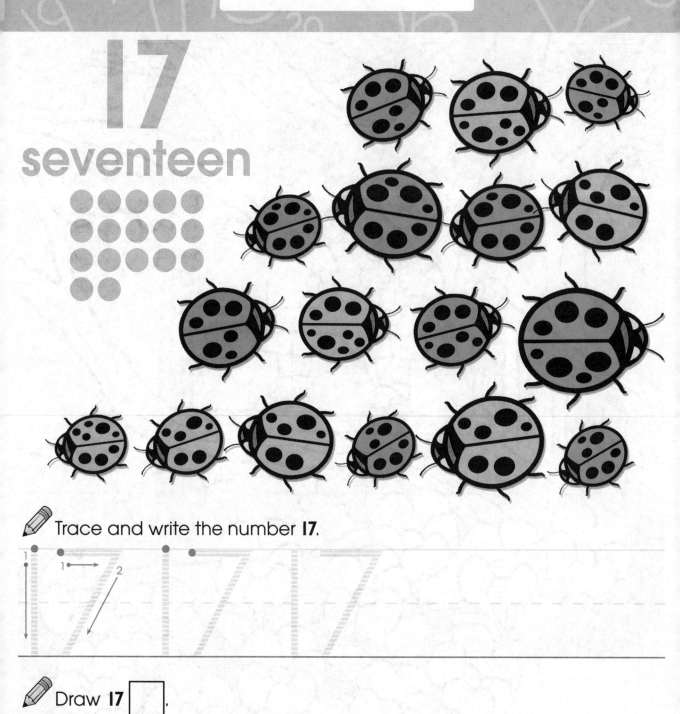

17

seventeen

✏ Trace and write the number **17**.

1 ↓   1 → 2 ↙

✏ Draw **17** ☐.

Picnic Pals

Circle **17** 🐝.

Color **17** 🐞.

18
eighteen

PETTING ZOO

 Trace and write the number **18**.

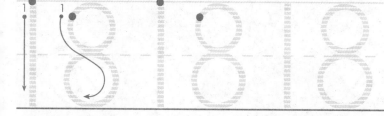

 Draw **18** .

Farmyard Friends

✏️ Circle **18**

🖍️ Color **18**

Color by Number

 Color the picture.

15 = **brown**　16 = **purple**　17 = orange　18 = green

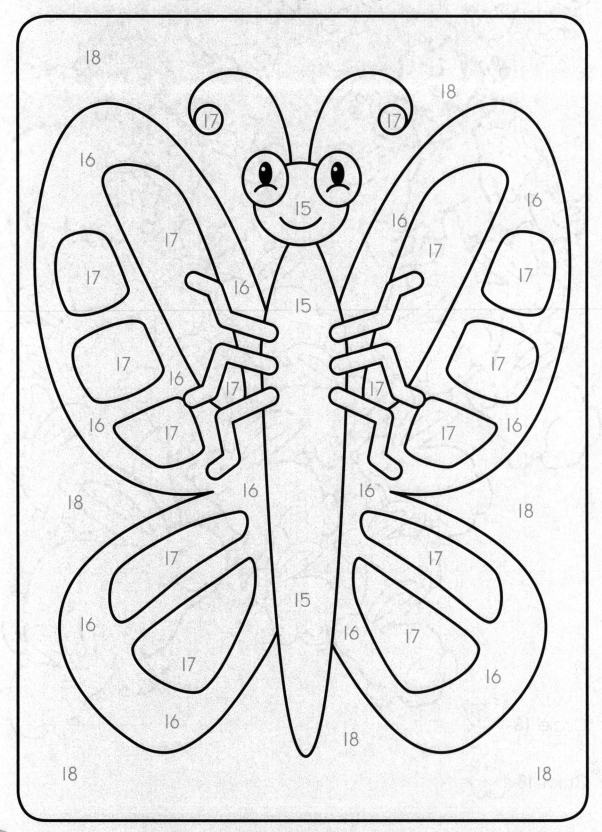

Color by Number

 Color the picture.

15 = yellow   16 = brown   17 = orange   18 = blue

19
nineteen

GIFT SHOP

✏️ Trace and write the number **19**.

19 19 19

✏️ Draw **19** ☐.

...ing about the Number 19   © School Zone Publishing Company 06364

Gift Shop Stop

Circle **19** 🧸.

Color **19** 🧢.

20
twenty

GRAND GARDEN

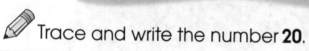

Trace and write the number **20**.

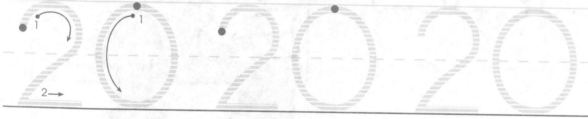

Draw **20** ◯.

Grand Garden

Circle **20** 🌸 .

Color **20** 🍄 .

Color by Number

 Color the picture.

11 = pink 12 = purple 13 = yellow 14 = green 15 = blue

Color the picture.

16 = green 17 = orange 18 = red 19 = gray 20 = purple

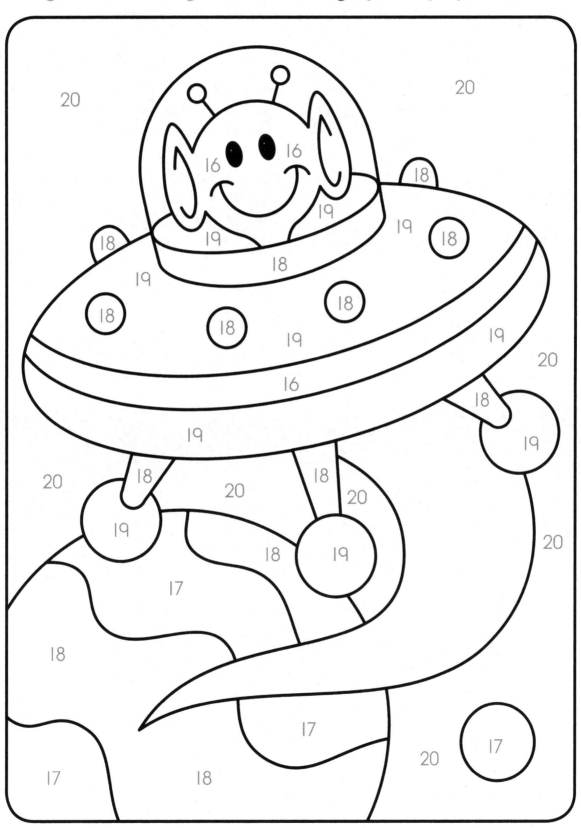

Seen on Safari

 Count the animals.
Write how many there are of each.

11

14

12

13

Feathered Friends

✏️ Count the birds.
Write how many there are of each.

12

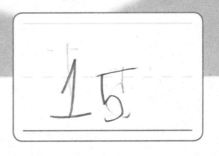

15

18

17

Count the objects.
Write how many there are of each.

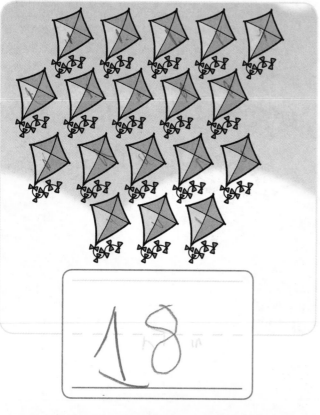

18

20

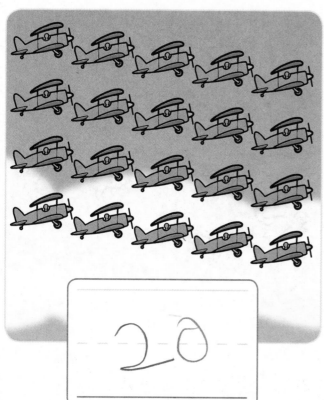

20

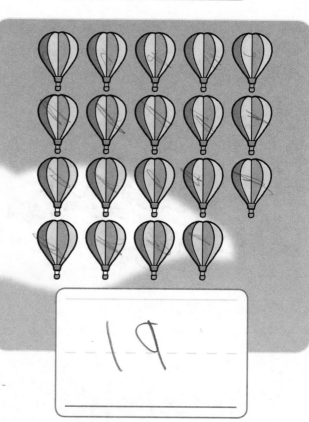

19

Connect the dots from **1** to **20**.

 Color the picture and draw a 🍒 on top.

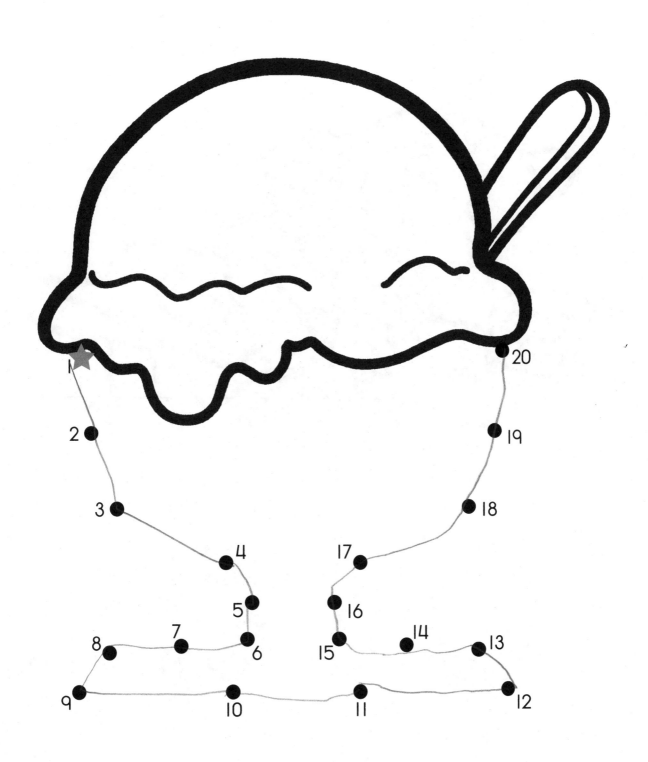

Numerical Order   149

Connect the dots from **1** to **20**.

 Color the picture and draw a on top.

Circle the numbers that are the **same** as the words.

twelve   2   14   12   17

fifteen   15   17   5   10

seventeen   12   10   17   7

eleven   11   8   15   6

sixteen   20   16   7   13

Circle the numbers that are the **same** as the words.

twenty   2   20   12   10

fourteen   14   15   19   17

eighteen   8   11   18   14

thirteen   14   12   13   19

nineteen   12   9   19   17

✏️ Circle the number that shows **how many** there are.

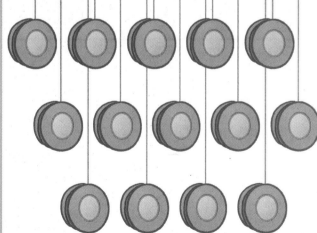

| 11 | 12 | 13 |

| 11 | 12 | 13 |

| 11 | 12 | 13 |

| 13 | 14 | 15 |

Counting Review

Circle the number that shows **how many** there are.

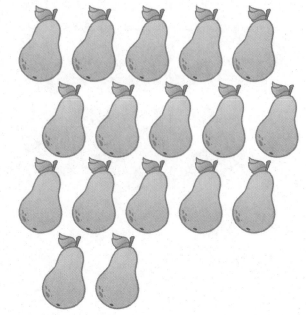

14   **15**   **16**   **16**   **17**   **18**

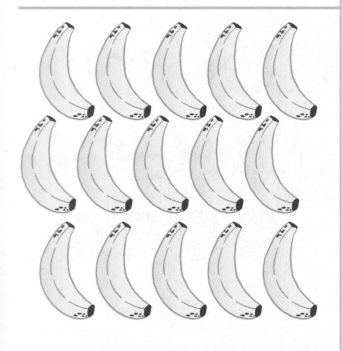

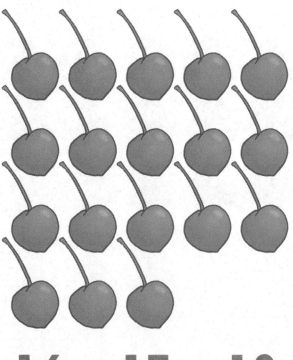

14   **15**   **16**   **16**   **17**   **18**

Color the picture.

11 = yellow   14 = orange   15 = blue

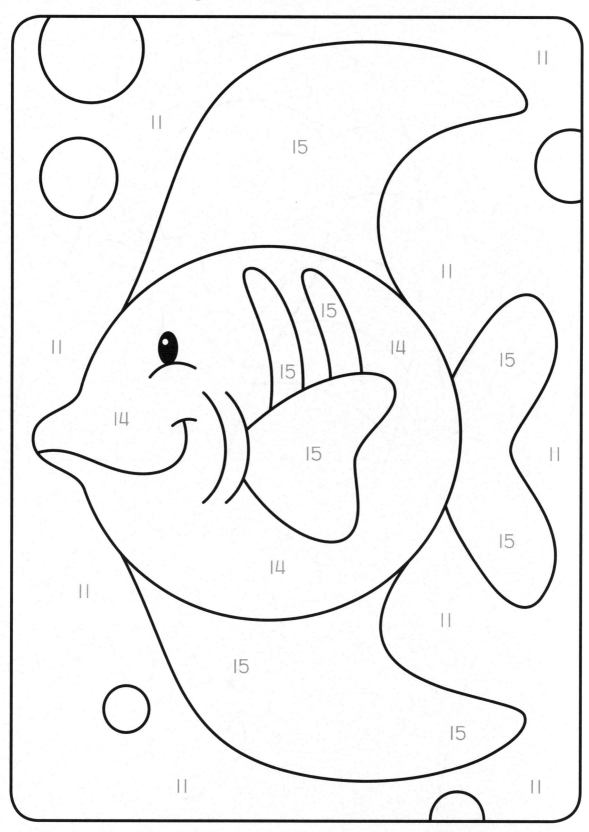

Color the picture.

11 = **green** 12 = **blue** 13 = **brown**

Color the picture.

13 = yellow   14 = orange   15 = blue

Color the picture.

12 = **purple**   13 = **green**   14 = **red**

Color the picture.

11 = orange 14 = green 15 = blue

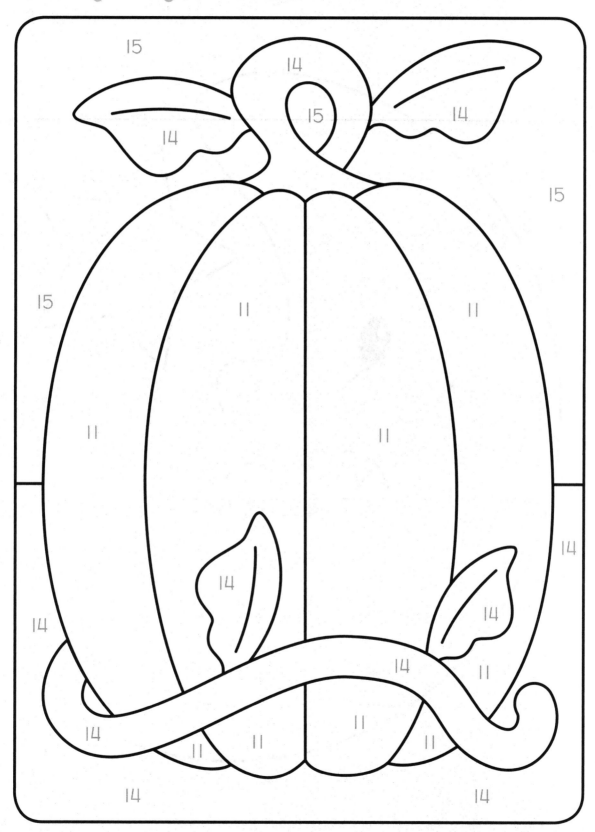

Color by Number

 Color the picture.

18 = yellow 19 = orange 20 = blue

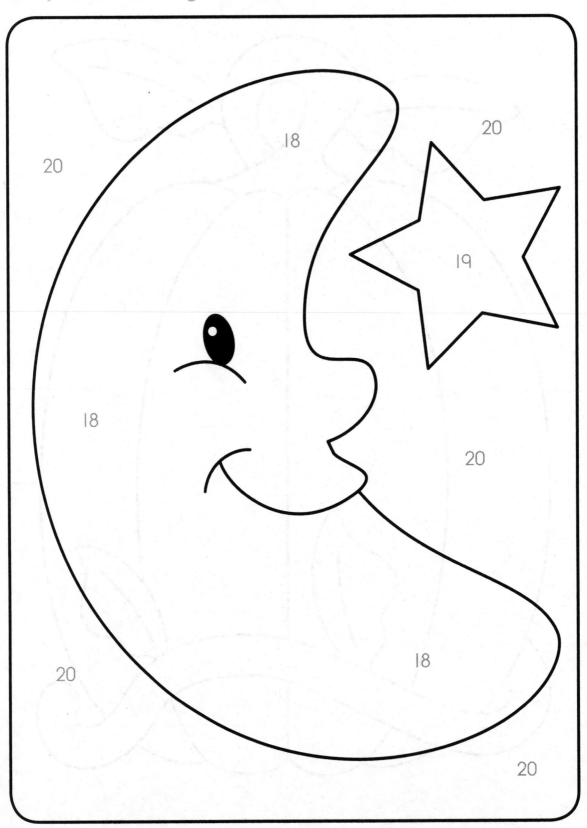

Color the picture.

12 = **red**   13 = gray   14 = yellow   15 = **blue**

Color the picture.

11 = **blue** 13 = yellow 14 = **brown** 15 = orange

Color the picture.

11 = yellow   12 = purple   14 = brown   15 = green

Color by Number

 Color the picture.

11 = **black**　12 = green　13 = **blue**　15 = brown

© School Zone Publishing Company 06364

Color the picture.

12 = tan   13 = **black**   14 = orange   15 = **blue**

Writing Numbers

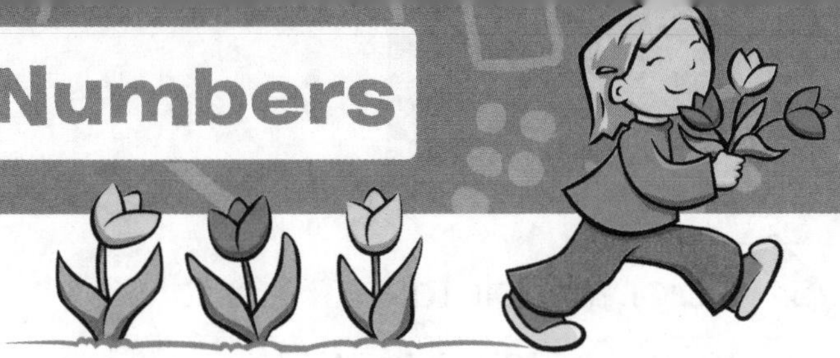

Trace the numbers.

0 1 2 3 4 5

6 7 8 9 10 11

12 13 14 15 16

17 18 19 20

Write the missing numbers.

4 5 ___ ___ 8 ___

11 ___ 13 ___ ___

Connect the dots from **1** to **10**.

| 1 | 2 | 3 | 4 | 5 | 6 | 7 | 8 | 9 | 10 |

Splish, Splash!

✏️ Connect the dots from **11** to **20**.

🖍️ Color the picture.

© School Zone Publishing Company 06364

Connect the dots from **1** to **20**.

 Color the picture.

How many do you see?

 Circle the number.

1 2 3

1 2 3

1 2 3

1 2 3

Circle how many there are.

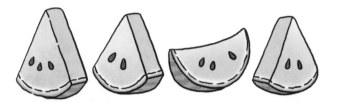 4   5   6

 4   5   6

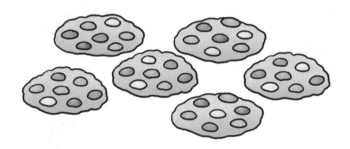 4   5   6

 4   5   6

Matching Numbers with Objects

How many vegetables or pieces of fruit are there in each group?
Draw a line from the group to the number.

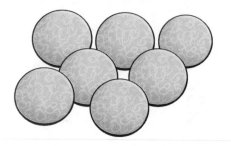

1
2
3
4
5
6
7
8
9
10

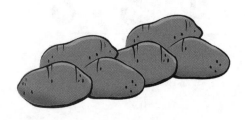

✏️ Count the objects in the scene.
Write the correct number on each line.

Circle the number that tells how many chicks there are in each group.

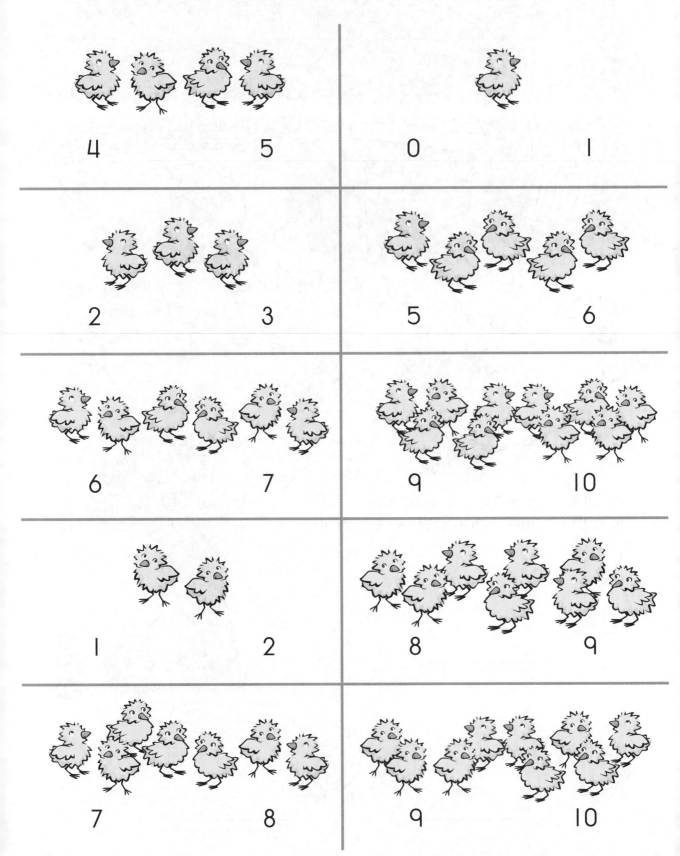

4   5   0   1

2   3   5   6

6   7   9   10

1   2   8   9

7   8   9   10

Animal Count

 Write how many animals there are in each group.

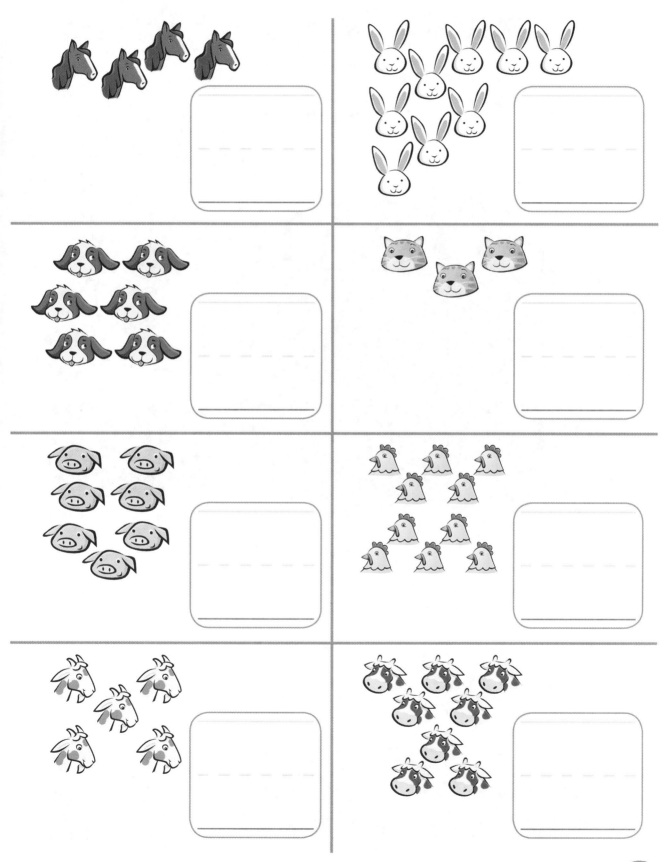

Circle how many you see.

How many  are there?   **6   7   8**

How many are there?   **5   6   7**

How many are there?   **4   5   6**

How many  are there? **2 3 4**

How many are there? **5 6 7**

How many are there? **0 1 2**

Circle how many you see.

How many  are there? **0 1 2**

How many are there? **3 4 5**

How many are there? **6 7 8**

How many are there? **5 6 7**

How many  are there? **2 3 4**

How many are there? **5 6 7**

How many are there? **3 4 5**

How many are there? **1 2 3**

Color one box for each animal.
The first one is done for you.

Number of Animals

6				
5				
4				
3				
2				
1	▨			
	🐴	🐦	🐑	🦋

Type of Animal

 Circle which animal there is the most of.

Doggy Dots

Connect the dots from **1** to **20**.
Color the picture.

Counting the Animals

🖉 Circle how many you see.

How many 🦆 are there? **4** **5** **6**

How many 🐸 are there? **1** **2** **3**

How many 🦋 are there? **6** **7** **8**

How many  are there?　　**1　2　3**

How many 🐄 are there?　　**2　3　4**

How many 🐦 are there?　　**5　6　7**

How Many Legs?

 Color one box for each animal.

	1	2	3	4	5	6
Animals with 2 legs						
Animals with 4 legs						

Working with Graphs

Tide Pool Count

 Circle how many you see.

How many  are there? **4**　**5**　**6**

How many are there? **5**　**6**　**7**

How many are there? **7**　**8**　**9**

How many 🥟 are there?   **11   12   13**

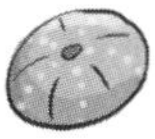

How many 🐟 are there?   **9   10   11**

How many 🐚 are there?   **6   7   8**

Canoe Count

✏️ Circle how many you see.

How many 🐟 are there?   **4   5   6**

How many 🛶 are there?   **1   2   3**

How many 🐸 are there?   **5   6   7**

How many are there?   **8**   **9**   **10**

How many are there?   **7**   **8**   **9**

How many are there?   **10**   **11**   **12**

✏️ Circle how many you see on both pages.

How many  are there?   **4**   **5**   **6**

How many are there?   **5**   **6**   **7**

How many are there?   **2**   **3**   **4**

How many are there?   **7**   **8**   **9**

How many are there?   **8**   **9**   **10**

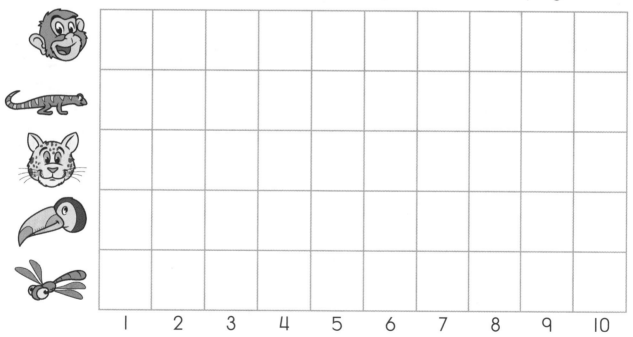

Color one box for each animal or insect you see on both pages.

	1	2	3	4	5	6	7	8	9	10

Circle which animal there is the most of.

Draw 🍎 on the tree.

Draw as many 🍎 as you want.

Write how many 🍎 .

Draw lines from the sets of sheep to the correct pens.

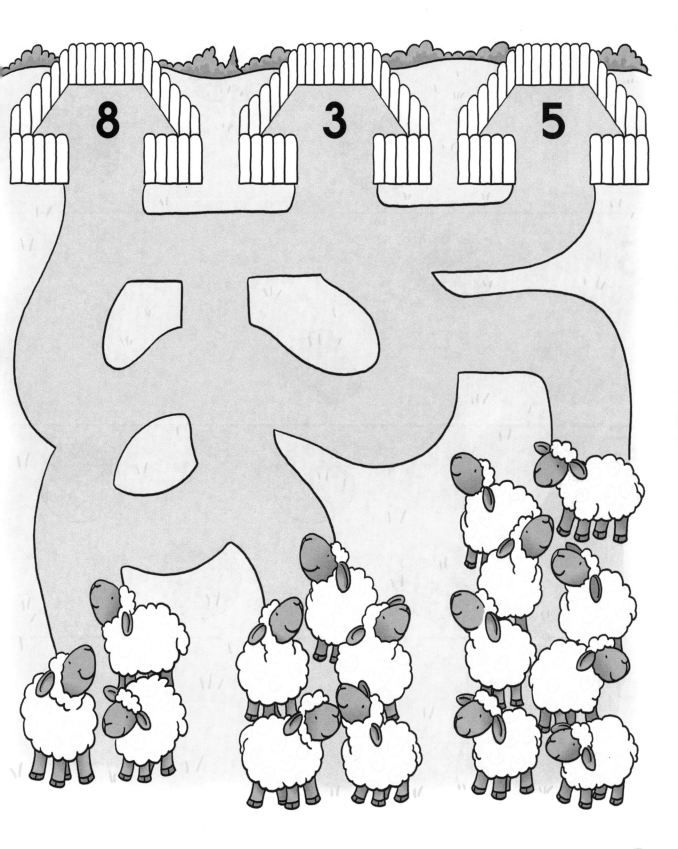

Read the numbers.
Draw the missing pieces of fruit.

8

5

11

6

Colorful Flowers

 Read the numbers.
Color that many flowers.

10

12

7

9

I comes **before** 2.

(1) 2 3

| 1 | 2 | 3 | 4 | 5 | 6 | 7 | 8 | 9 | 10 | 11 | 12 | 13 | 14 | 15 | 16 | 17 | 18 | 19 | 20 |

What comes **before**?
Write the correct number on each line.

✏️ Write the numbers that come **before**.

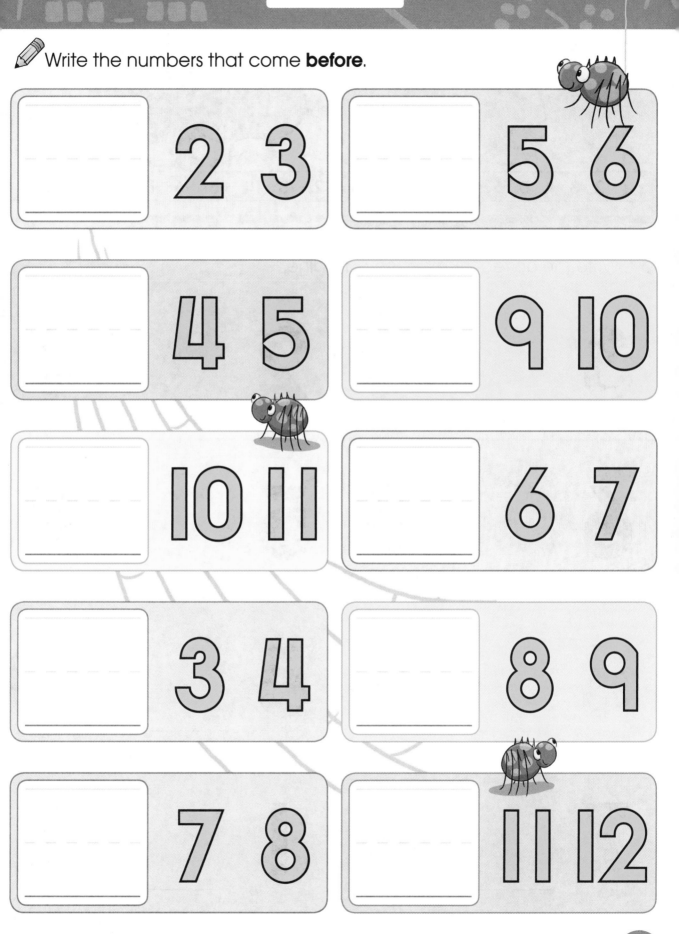

2 3

5 6

4 5

9 10

10 11

6 7

3 4

8 9

7 8

11 12

2 comes **between** 1 and 3.

1 ② 3

| 1 | 2 | 3 | 4 | 5 | 6 | 7 | 8 | 9 | 10 | 11 | 12 | 13 | 14 | 15 | 16 | 17 | 18 | 19 | 20 |

 What comes **between**?
Write the correct number on each line.

3 ___ 5 | 2 ___ 4

6 ___ 8 | 5 ___ 7

4 ___ 6 | 8 ___ 10

7 ___ 9 | 1 ___ 3

✏️ Write the numbers that come **between**.

1 ___ 3

6 ___ 8

10 ___ 12

7 ___ 9

5 ___ 7

3 ___ 5

8 ___ 10

9 ___ 11

4 ___ 6

6 ___ 8

Concept of Between

3 comes **after** 2.

1 2 ③

1 2 3 4 5 6 7 8 9 10 11 12 13 14 15 16 17 18 19 20

What comes **after**?
Write the correct number on each line.

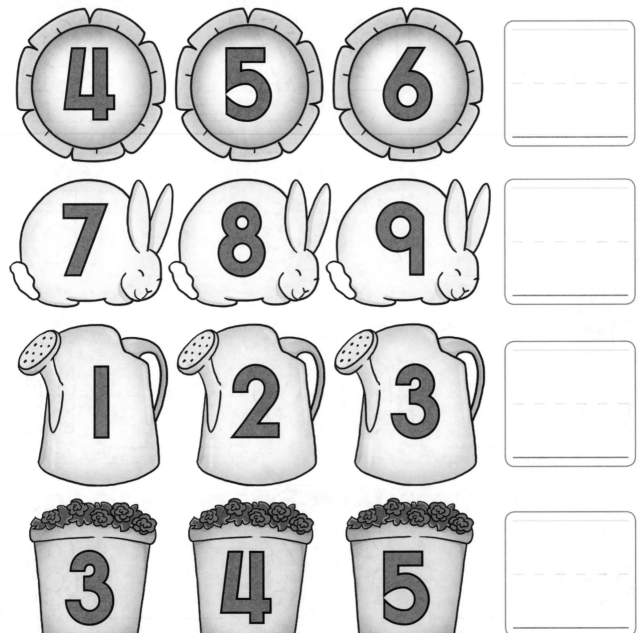

Write the numbers that come **after**.

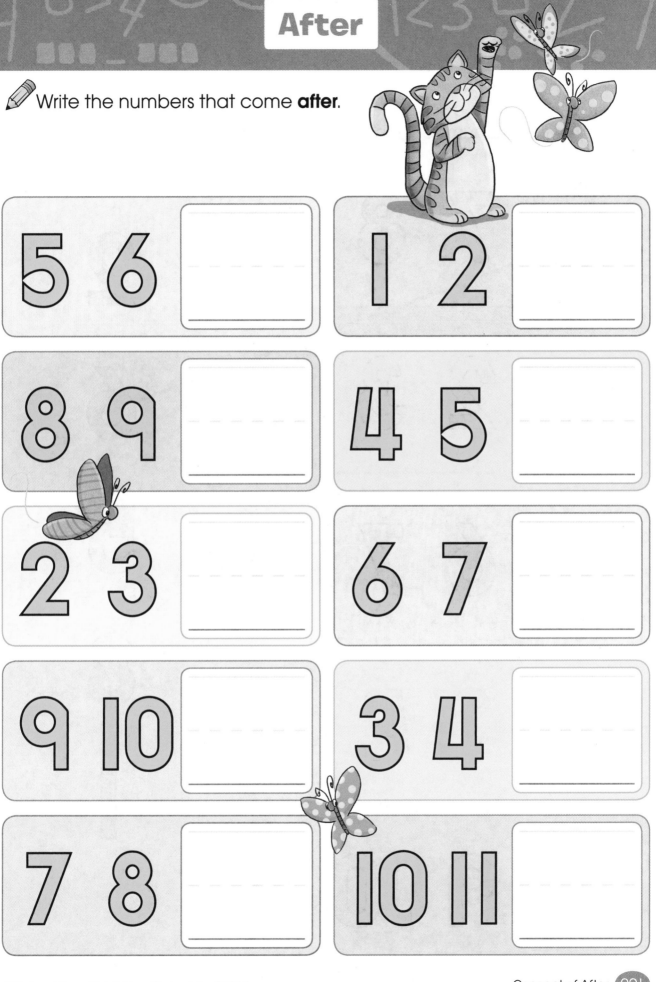

5 6

1 2

8 9

4 5

2 3

6 7

9 10

3 4

7 8

10 11

What comes **before**?
Draw a line from each square to the correct number.
Then write the number in the box. The first one is done for you.

What comes **between**?
Draw a line from each square to the correct number.
Then write the number in the box.

2 4   6

7  9   2

1  3   3

5  7   9

8 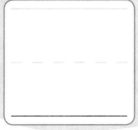 10   8

✏️ What comes **after**?
Draw a line from each square to the correct number.
Then write the number in the box.

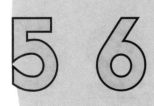

is the **same** number as .

 Circle the group that shows the **same** number as the first one.

Can you show the **same** amount?

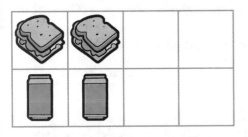

Circle how many you see.

How many are there? 1 (2) 3

How many are there? 1 (2) 3

 Draw to show the **same** number of as .

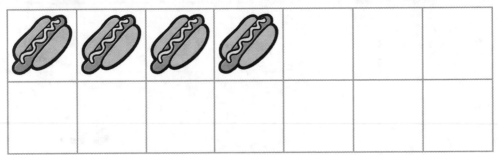

 Circle how many you see.

How many are there? **3 4 5**

How many are there? **3 4 5**

 Draw to show the **same** number of as .

 Circle how many you see.

How many are there? **4 5 6**

How many 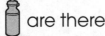 are there? **4 5 6**

Draw to show the **same** number of as .

 Circle how many you see.

How many are there?   **8   9   10**

How many are there?   **8   9   10**

 Draw to show the **same** number of as .

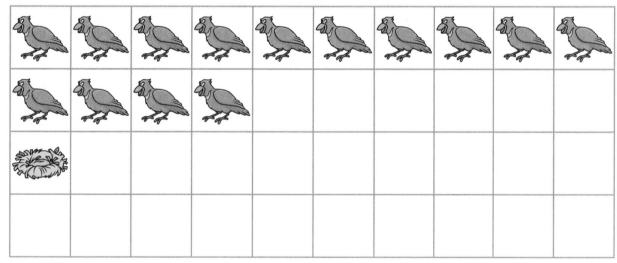

 Circle how many you see.

How many are there?   **13   14   15**

How many are there?   **13   14   15**

Concept of Same

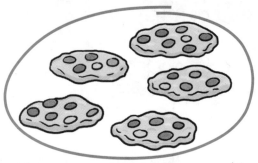

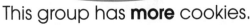

This group has **more** cookies.

 Circle the group in each row that has **more**.

Which Group Has More?

← This group has **more** slices of pie.

 Circle the group that has **more** pieces of fruit.

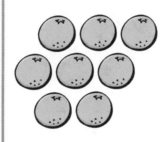 

 Draw a group of to show **2 more** than **3**.

How many did you draw? _____

Concept of More

Greater means **more than**.

 8 is **greater than 7**.

Write how many are in each group.
Circle the number that is **greater**.

Draw a set of ☆ to show **I more than 3**.

How many ☆ are there? _____

Write how many there are in each group.
Circle the **greater** number.

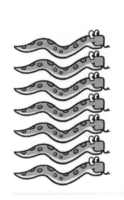 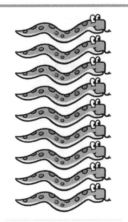    

____   ____   ____   ____

____   ____   ____   ____

____   ____   ____   ____

✏️ Circle the number that is **greater**.

7 3   6 10   8 4

Concept of Greater   211

⑤ horses

3 horses

5 is **greater** than **3**.

Write how many there are in each group.
Circle the **greater** number.

Circle the group that has a **greater** number.

2

3

9

6

8

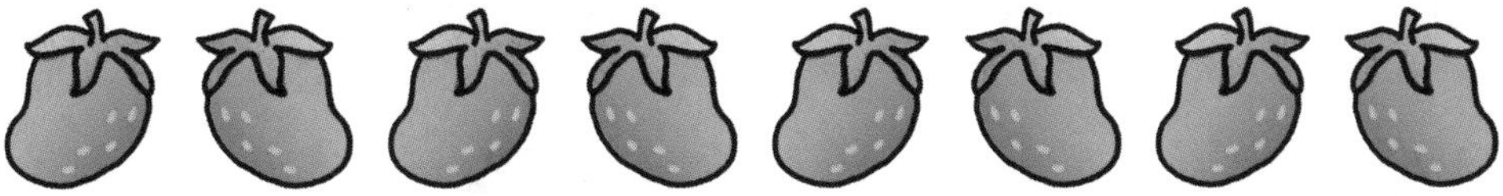

7

6

8

 is **one more** than  .

✏️ Circle the group that has **one more** than the first one.

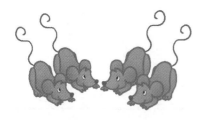  

Circle the group that has **one more** than the first one.

  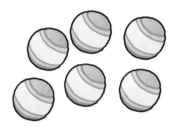

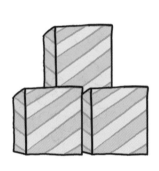 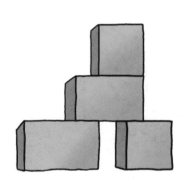 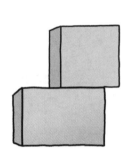

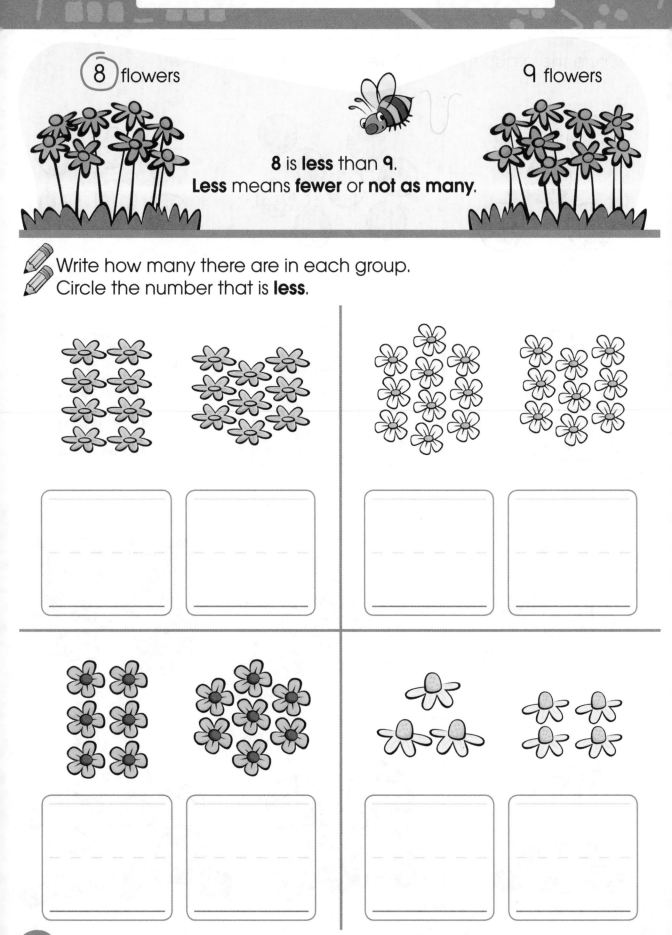

(8) flowers

9 flowers

8 is **less** than **9**.
Less means **fewer** or **not as many**.

Write how many there are in each group.
Circle the number that is **less**.

Less

Less means **not as many**.

 is **less than 8**.

Write how many are in each group.
Circle the number that is **less**.

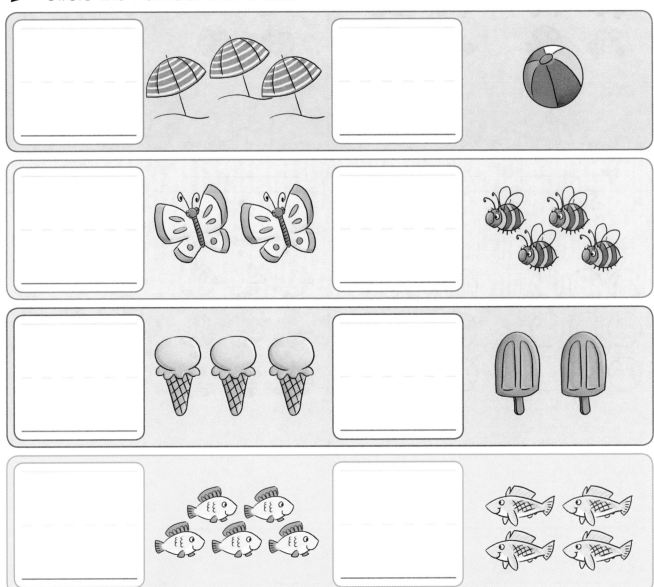

Draw a set of ♥ to show **1 less than 3**.

How many ♥ are there? _____

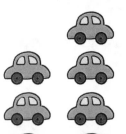

Write how many there are in each group.
Circle the number that is **less**.

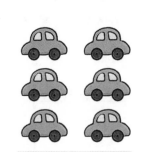

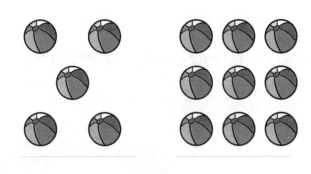

_____ _____

_____ _____

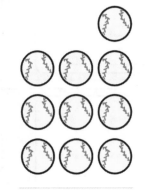

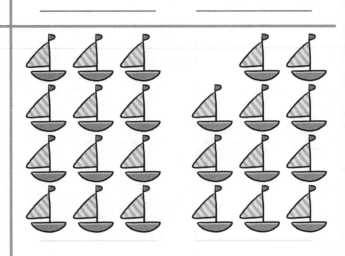

_____ _____

_____ _____

Circle the number that is **less**.

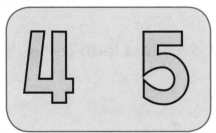

| 3 | 9 | 4 | 5 | 10 | 6 |

This group has **fewer** books.

 Circle the group in each row that has **fewer**.

 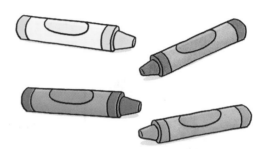

 is **one fewer** than .

✏️ Circle the group that has **one fewer** than the first one.

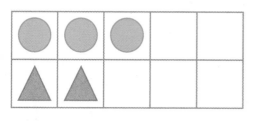

Circle how many you see.

How many are there?　　2　③　4

How many ▲ are there?　　②　3　4

 Draw 🥕 to show **one fewer** 🥕 than 🐰.

 Circle how many you see.

How many are there?　　**4　5　6**

How many are there?　　**4　5　6**

 Draw 🥚 to show **one fewer** 🥚 than 🐦.

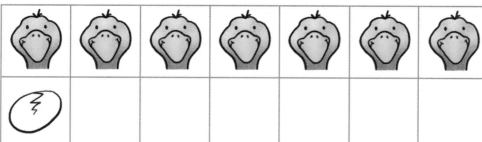

 Circle how many you see.

How many 🐦 are there?　　**5　6　7**

How many 🥚 are there?　　**5　6　7**

　　　　　　Concept of Fewer

Circle the group that has **one fewer** than the first one.

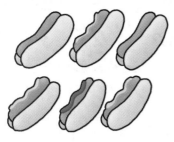 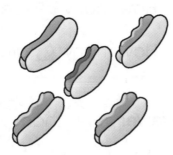 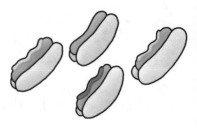

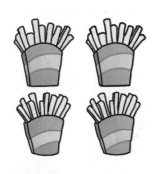  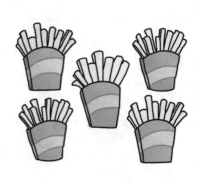

✏️ Circle the group that has **fewer**.

3

4

2

6

5

8

7

9

4

9

3

7

How many are there?
Guess. Then count.

	🐤	🍋	🥕
Guess			
Count			

How many are there?
Guess. Then count.

	🌼	🥤	🐞
Guess			
Count			

Use the graph to answer the questions.

birds **squirrels** **raccoons**

 How many are there?
Write the numbers.

How many are there?

Are there more than ?   **Yes**   **No**

Color the graph to show how many fruits and vegetables are at the farm stand.

| | 1 | 2 | 3 | 4 | 5 |

Missing Number Mystery

✏️ Write the missing numbers in the blanks.

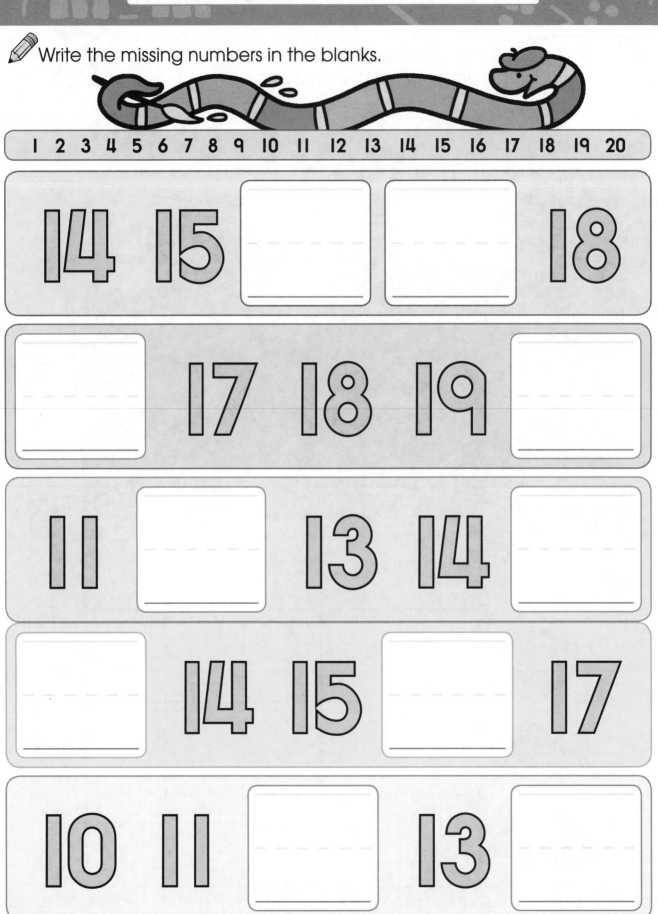

1 2 3 4 5 6 7 8 9 10 11 12 13 14 15 16 17 18 19 20

14 15 ___ ___ 18

___ 17 18 19 ___

11 ___ 13 14 ___

___ 14 15 ___ 17

10 11 ___ 13 ___

✏️ Write the numbers that come **before**.

 13	14
 18	17
19	 20
 15	 16
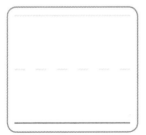 11	 12

Concept of Before   229

✏️ Write the numbers that come **before**.

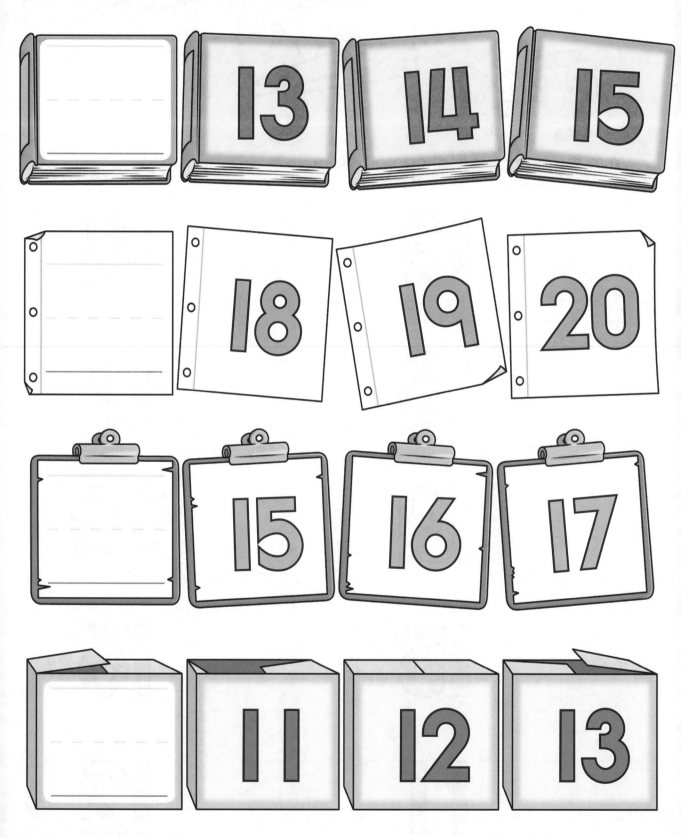

13   14   15

18   19   20

15   16   17

11   12   13

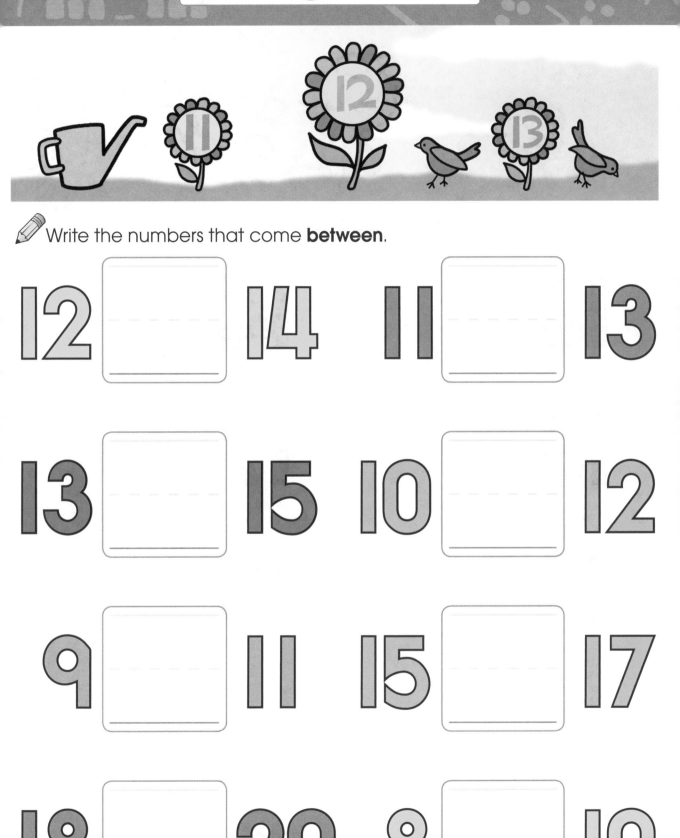

✏️ Write the numbers that come **between**.

12 ☐ 14   11 ☐ 13

13 ☐ 15   10 ☐ 12

9 ☐ 11   15 ☐ 17

18 ☐ 20   8 ☐ 10

Concept of Between

✏️ Write the numbers that come **after**.

13 ___

14 ___

18 ___

17 ___

19 ___

10 ___

15 ___

16 ___

11 ___

12 ___

What Comes After?

Write the numbers that come **after**.

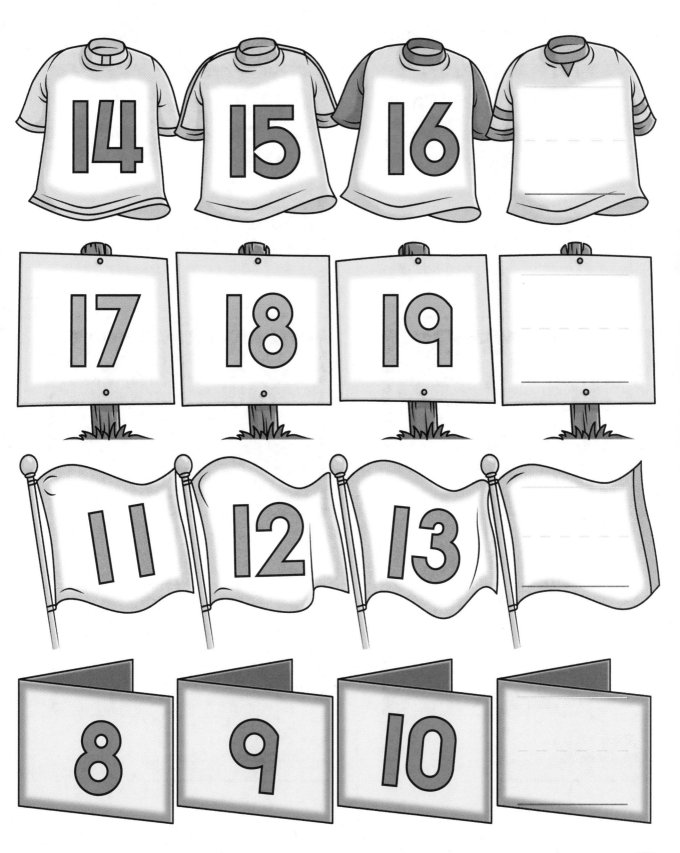

14 15 16 ___

17 18 19 ___

11 12 13 ___

8 9 10 ___

Concept of After 233

More means a **bigger** number.

Which tank has **more** fish?
Count the fish in each tank.
Write the number.
Circle the tank that has **more** fish.

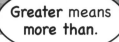

Greater means
more than.

Which group has **more** people in it?
Count the people in each group.
Write the number.
Circle the number that is **greater**.

Concept of Greater 235

Fewer Fish

Fewer means a **smaller** number.

Which tank has **fewer** fish?
Count the fish in each tank.
Write the number.
Circle the tank that has **fewer** fish.

Less in Line

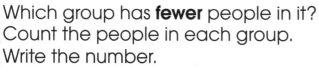

Less means not as many.

Which group has **fewer** people in it?
Count the people in each group.
Write the number.
Circle the number that is **less**.

Concept of Less

Circle how many you see.

How many are there?　　③　4　5

How many 🍁 are there?　　3　④　5

 Draw 🍌 to show **one more** 🍌 than 🐵.

 Circle how many you see.

How many 🐵 are there?　　**6　7　8**

How many 🍌 are there?　　**6　7　8**

 Draw 🌳 to show **one more** 🌳 than 🦉.

 Circle how many you see.

How many 🌳 are there?　　**14　15　16**

How many 🦉 are there?　　**14　15　16**

Circle how many you see.

How many are there?   4 (5) 6

How many are there?   (4) 5 6

 Draw to show **one fewer** than .

 Circle how many you see.

How many are there?   8   9   10

How many are there?   8   9   10

 Draw to show **one fewer** than .

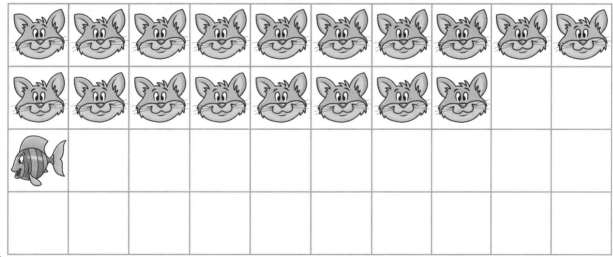

Circle how many you see.

How many are there?   17   18   19

How many are there?   17   18   19

How many  are there?   **7**   **8**   **9**

How many 🥚 are there?   **7**   **8**   **9**

There are **more** of which one? Circle it.

How many 🐷 are there?   **13**   **14**   **15**

How many 🌽 are there?   **13**   **14**   **15**

There are **fewer** of which one? Circle it.

Which is Greater?

How many are there?
Write the numbers.
Circle the number that is **greater**.

 Circle the number that is **greater**.

7   3   9   10   18   14

How many are there?
 Write the numbers.
Circle the number that is **less**.

   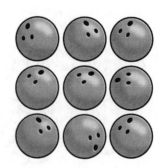

   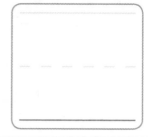

Circle the number that is **less**.

9   3 | 18   19 | 10   16

Adding to Find the Sum

The answer to an addition problem is called the **sum**.
The sum tells how many there are **in all**.

Count how many bugs there are in each box.
Write how many there are **in all**.

1. _____ + _____ = _____

2. _____ + _____ = _____

3. _____ + _____ = _____

4. _____ + _____ = _____

Animal Antics

 Count how many animals there are in each box.
Write how many there are in **all**.

Adding shows how many there are in all.

1.

 + =

2.

 +  =

3.

 + =

4.

 + =

5.

 + =

Fun with Flowers

Count how many flowers there are in each box.
Write how many there are **in all**.

1.  +  =

2.  +  =

3.  + =

4.  + =

5.  +  =

Racing Riders

 Help count the people on each ride.
Fill in the missing number to finish the addition sentence.

1.

 + =

2 + 1 = _____

2.

 +  =

1 + 3 = _____

3.

 + =

2 + 2 = _____

Awesome Audience

Help count the people on each ride.
Fill in the missing number to finish the addition sentence.

1.

1   +   4   =

2.

2   +   _____   =   5

3.

_____   +   2   =   6

Adding Flowers

How many are there in all?
Write the **sum**.

$1 + 1 = 2$

1.

$2 \quad + \quad 1 \quad = \underline{}$

2.

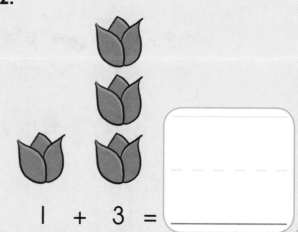

$1 \quad + \quad 3 \quad = \underline{}$

3.

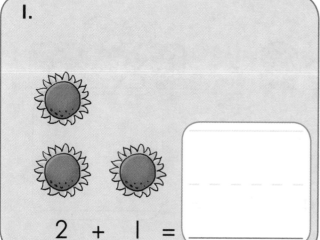

$3 \quad + \quad 1 \quad = \underline{}$

4.

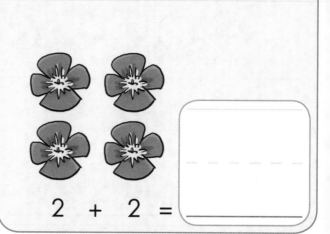

$2 \quad + \quad 2 \quad = \underline{}$

5.

$2 \quad + \quad 3 \quad = \underline{}$

6.

$3 \quad + \quad 2 \quad = \underline{}$

Adding Pieces of Fruit

 How many are there in all?
Write the **sum**.

1.
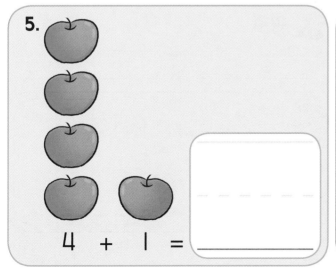

1 + 2 = _____

2.
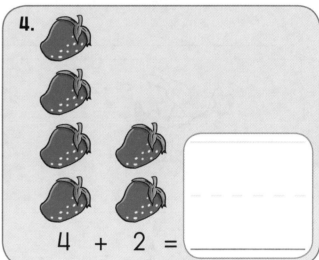

1 + 4 = _____

3.
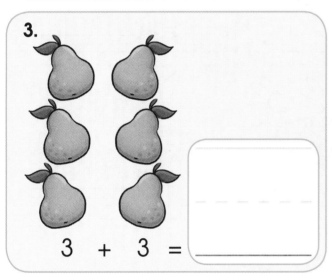

3 + 3 = _____

4.
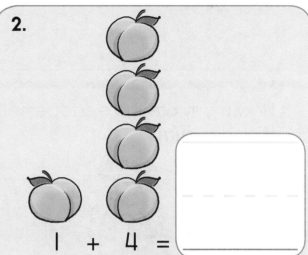

4 + 2 = _____

5.

4 + 1 = _____

6.

2 + 0 = _____

2 + 1 = 3

 How many are there altogether?
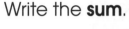 Write the **sum**.

1.

3 + 1 = _____

2.

3 + 3 = _____

3.

4 + 2 = _____

4.

5 + 2 = _____

Count each object.
Write the numbers to complete the addition sentence.

1.

 +  =

___ + ___ = ___

2.

 +  =

___ + ___ = ___

3.

 +  =

___ + ___ = ___

Nutty Addition

 Count each object.
Write the numbers to complete the addition sentence.

1.

[peanut] + [peanut] [peanut] = [peanut] [peanut] [peanut]

[ ] + [ ] = [ ]

2.

[walnuts] + [walnut] = [walnuts]

[ ] + [ ] = [ ]

3.

[acorns] + [acorns] = [acorns]

[ ] + [ ] = [ ]

Adding Up Animals

Count each object.
Write the numbers to complete the addition sentence.

1.

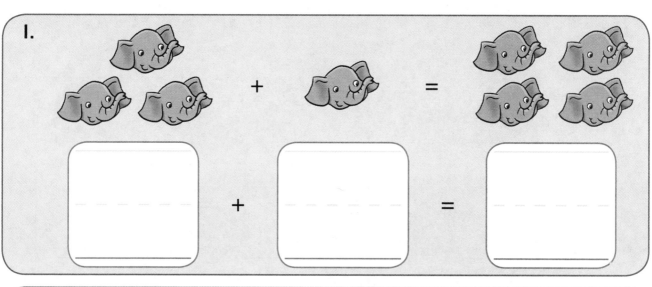

```
      +           =

[     ]  +  [     ]  =  [     ]
```

2.

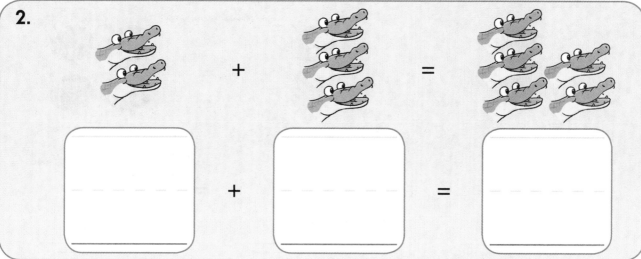

```
      +           =

[     ]  +  [     ]  =  [     ]
```

3.

```
      +           =

[     ]  +  [     ]  =  [     ]
```

Insect Invasion

 Count each object.
Write the numbers to complete the addition sentence.

1.

+ =

☐ + ☐ = ☐

2.

+ =

☐ + ☐ = ☐

3.

+ =

☐ + ☐ = ☐

Excellent Eggs

How many are there in all?
Write the **sum**.

Count all the eggs to find how many there are **in all**.

1.

4 + 4 =

2.

3 + 6 =

3.

6 + 4 =

4.

7 + 3 =

5.

4 + 5 =

Adding More Eggs

 Color the eggs to find the sum for the problem.

 Write the **sum**. The first one is done for you.

1.

7 + 6 = **13**

2.

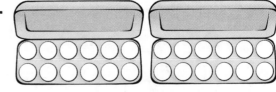

9 + 6 = ___

3.

9 + 3 = ___

4.

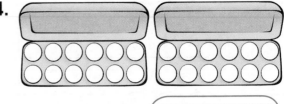

7 + 3 = ___

5.

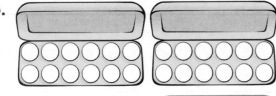

7 + 8 = ___

6.

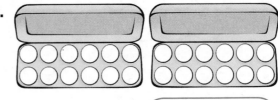

5 + 6 = ___

Adding Vertically

 How many are there?
Write the **sum**. The first one is done for you.

1.

$$\begin{array}{r} 2 \\ + 3 \\ \hline \end{array}$$

5

2.

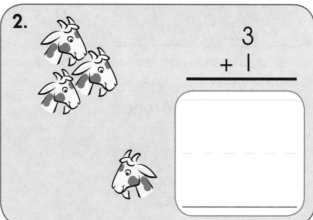

$$\begin{array}{r} 3 \\ + 1 \\ \hline \end{array}$$

3.

$$\begin{array}{r} 3 \\ + 4 \\ \hline \end{array}$$

4.

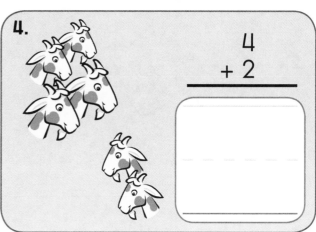

$$\begin{array}{r} 4 \\ + 2 \\ \hline \end{array}$$

5.

$$\begin{array}{r} 2 \\ + 2 \\ \hline \end{array}$$

6.

$$\begin{array}{r} 6 \\ + 1 \\ \hline \end{array}$$

The answer to a subtraction problem is called the **difference**.
The difference tells you how many are left.

6 – 2 = 4

✏️ Count how many are left.
Write the **difference**.

1. 2 – 1 = _____

2. 3 – 1 = _____

3. 5 – 2 = _____

4. 6 – 3 = _____

How many are left?
Write the **difference**.

Subtracting shows how many are **left**.

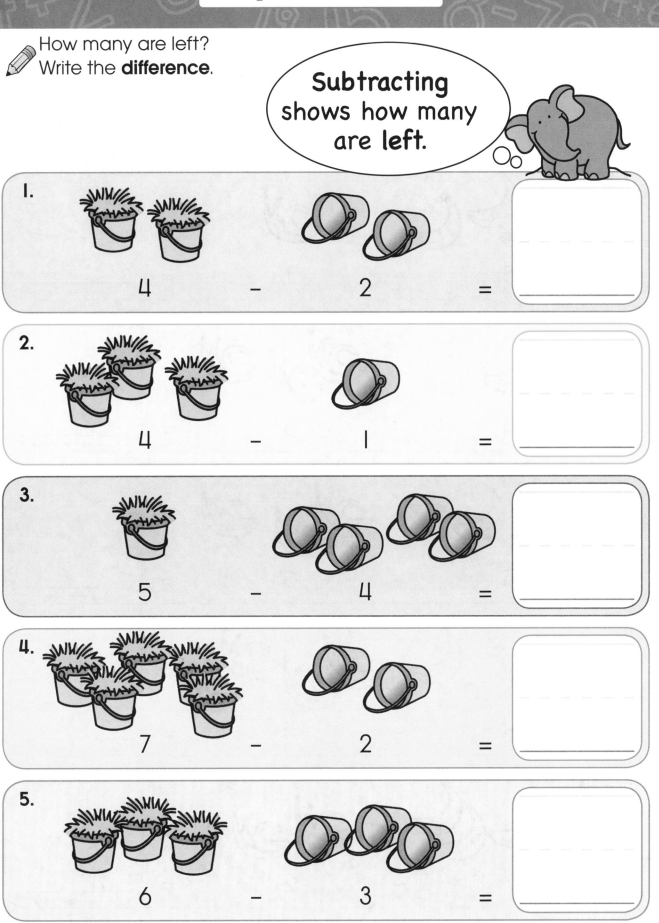

1. 4   –   2   = _____

2. 4   –   1   = _____

3. 5   –   4   = _____

4. 7   –   2   = _____

5. 6   –   3   = _____

Going Bananas

 How many are left?
Write the **difference**.

1.

5   –   1   =

2.   

4   –   3   =

3.    

5   –   3   =

4.    

8   –   4   =

5.    

7   –   2   =

How many animals are still awake?
Write the **difference**.

1.

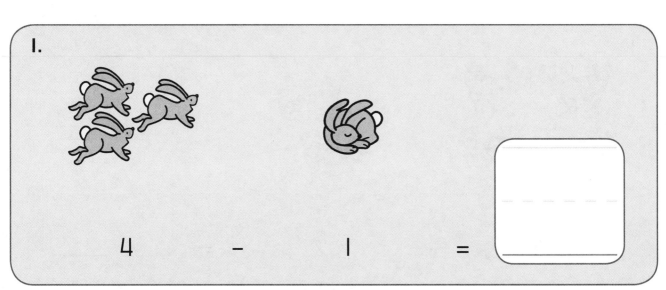

4   –   1   =

2.

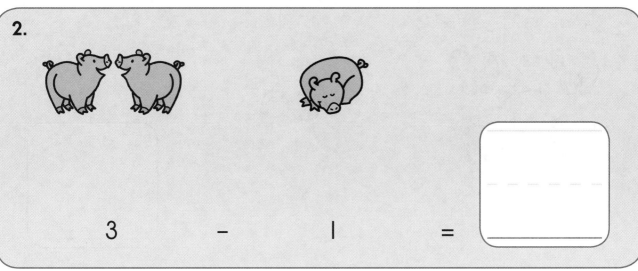

3   –   1   =

3.

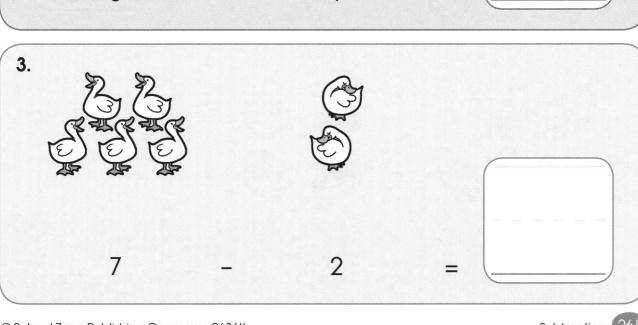

7   –   2   =

How many animals are still awake?
Write the **difference**.

1.

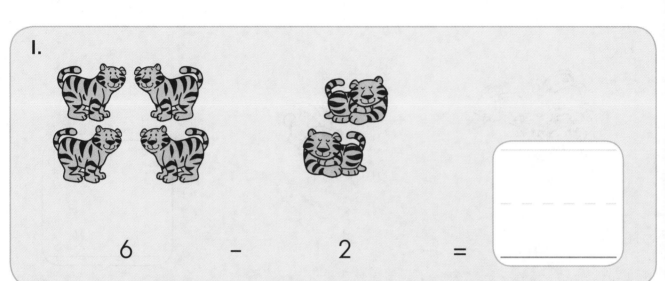

6   –   2   = _____

2.

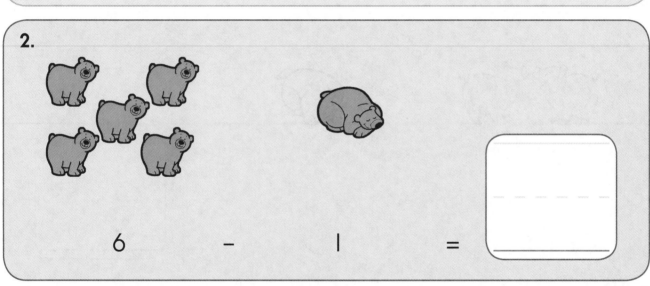

6   –   1   = _____

3.

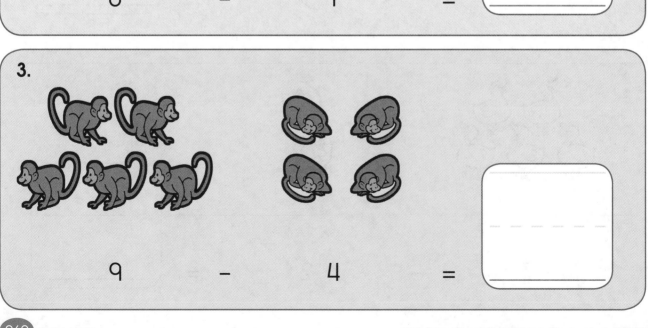

9   –   4   = _____

How many are left?
Write the **difference**.

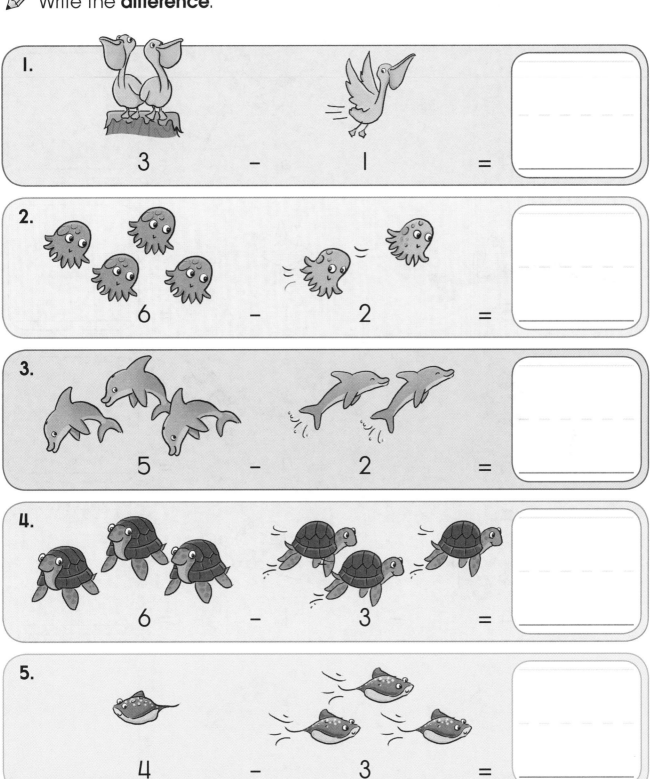

1.   3   –   1   =   _____

2.   6   –   2   =   _____

3.   5   –   2   =   _____

4.   6   –   3   =   _____

5.   4   –   3   =   _____

How many are left?
Write the **difference**.

1.

4   –   3   =

2.

5   –   1   =

3.

5   –   4   =

4.

4   –   1   =

5.

5   –   3   =

How many are left?
Write the **difference**.

1. 3 − 2 = ____

2. 4 − 2 = ____

3. 7 − 4 = ____

4. 6 − 2 = ____

5. 5 − 2 = ____

Sweet Subtraction

Count each object.
Write the numbers to complete the subtraction sentence.

1.

 − =

‾‾‾‾‾ − ‾‾‾‾‾ = ‾‾‾‾‾

2.

 −  =

‾‾‾‾‾ − ‾‾‾‾‾ = ‾‾‾‾‾

3.

 − =

‾‾‾‾‾ − ‾‾‾‾‾ = ‾‾‾‾‾

Count each object.
Write the numbers to complete the subtraction sentence.

1.

_____ - _____ = _____

2.

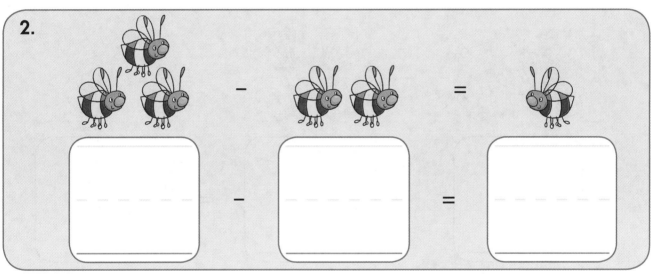

_____ - _____ = _____

3.

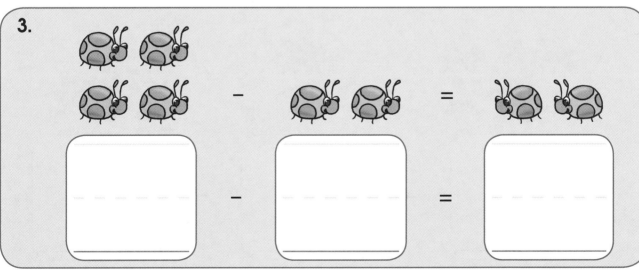

_____ - _____ = _____

Under the Sea Subtraction

 Count each object.
Write the numbers to complete the subtraction sentence.

1.

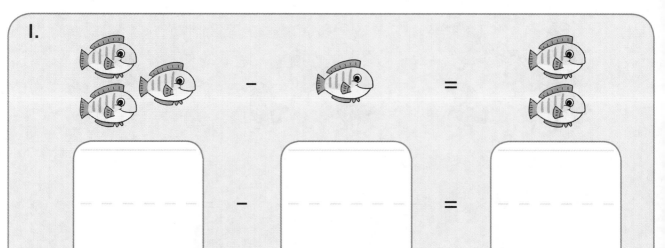

_____ − _____ = _____

2.

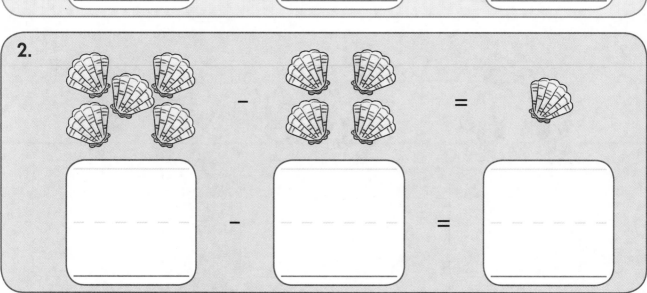

_____ − _____ = _____

3.

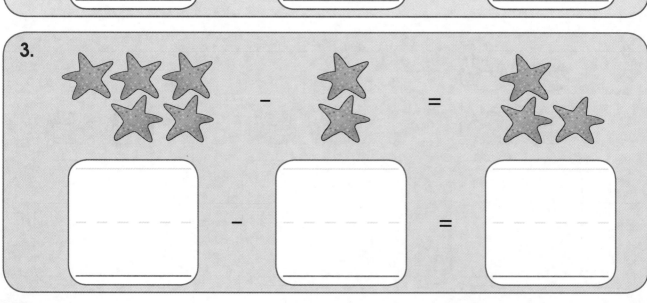

_____ − _____ = _____

Write the **difference**.
The first one is done for you.

1.

$$\begin{array}{r} 5 \\ -\ 2 \\ \hline \end{array}$$

3

2.

$$\begin{array}{r} 4 \\ -\ 1 \\ \hline \end{array}$$

3.

$$\begin{array}{r} 6 \\ -\ 2 \\ \hline \end{array}$$

4.

$$\begin{array}{r} 7 \\ -\ 1 \\ \hline \end{array}$$

5.

$$\begin{array}{r} 4 \\ -\ 3 \\ \hline \end{array}$$

6.

$$\begin{array}{r} 5 \\ -\ 3 \\ \hline \end{array}$$

Plenty of Pennies

The **penny**

front   **back**

1 penny = 1¢

Count the pennies.
Write the number of pennies.

1.

☐ ¢

2.

☐ ¢

3.

☐ ¢

4.

☐ ¢

Shopping with Pennies

 Count the pennies and find the items that cost those amounts.
Draw a line from the pennies to the item that costs that much.

Learning to Count Money

Read the amounts on the price tags.
Color that many pennies orange.

How Many Pennies?

 Read the amounts on the price tags.
Color that many pennies orange.

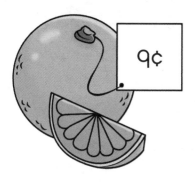

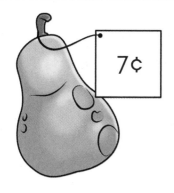

Which piggy bank has more money in it?

 the piggy bank that has **more** money.

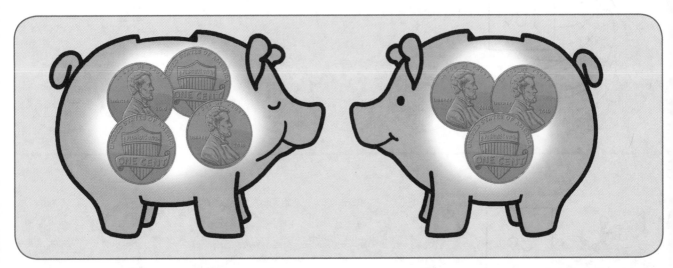

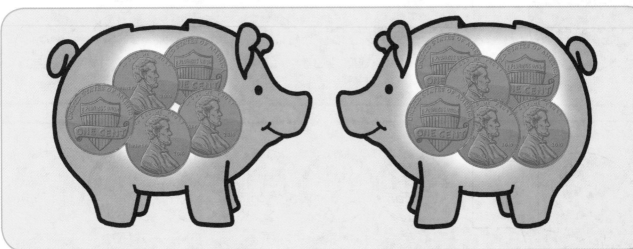

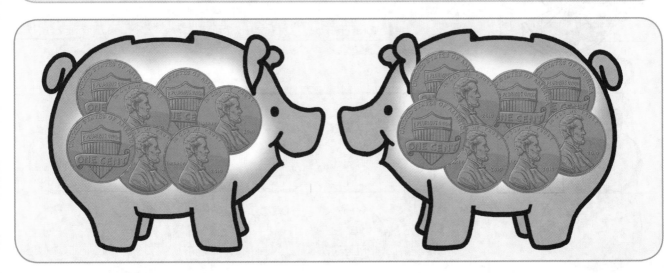

Which purse has less money in it?

 the purse that has **less** money.

Nice Nickels

The **nickel**

front   back

I nickel = 5¢

How many cents are there?
Write the number.

1.

2.
           ¢

3.
           ¢

4.
           ¢

How Many Nickels and Pennies?

Read the amounts on the price tags.
Color the nickels gray and the pennies orange to make the amounts.
Use the fewest number of coins needed.

 11¢

 10¢

 9¢

 12¢

© School Zone Publishing Company 06364

Learning to Count Money

277

Write the missing numbers on the clock.
Color the minute hand **blue**.
Color the hour hand **red**.

When the minute hand points to the 12, we say o'clock. The hour hand is pointing to the 3. It is 3 o'clock.

3:00

 Write the times below the clocks.

_____

_____

_____

_____

Write the times below the clocks.

_____

_____

_____

_____

Draw hands on the clock faces.
Write the times on the digital clocks.
The first one is done for you.

1. 5 o'clock

5:00

2. 10 o'clock

3. 6 o'clock

4. 12 o'clock

5. 3 o'clock

6. 8 o'clock

Look at the times written below the clocks.
Draw the hour hand on the clocks to make
the clocks show those times.

2:00

4:00

7:00

8:00

Clock Repair Shop

The clocks in the repair shop are all mixed up.
How many clocks are showing each time?
Write how many clocks are telling the same time.

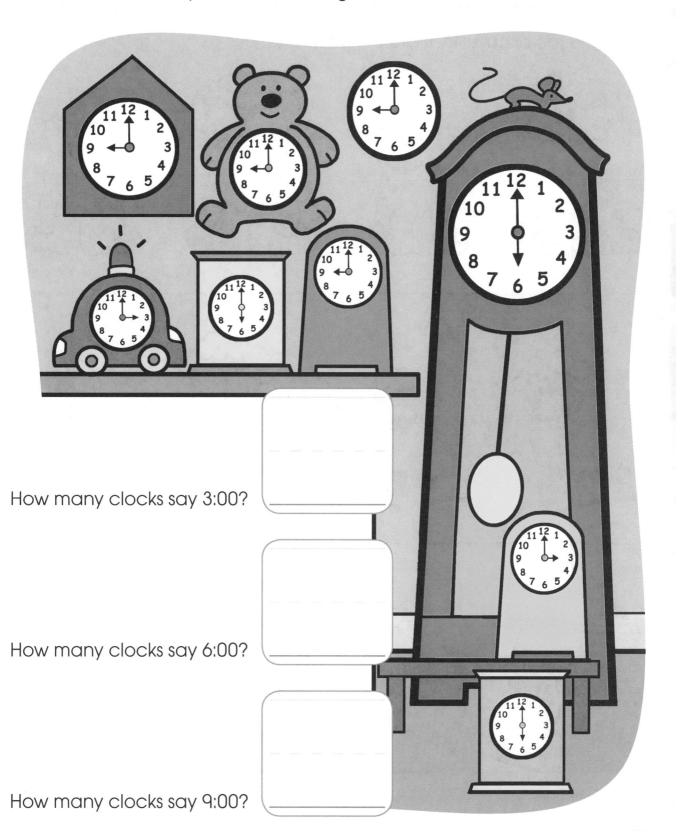

How many clocks say 3:00? _____

How many clocks say 6:00? _____

How many clocks say 9:00? _____

Have You Any Wool?

These   are the **same** size.

 Circle the pictures that are the **same** size.

This  is big.   This is small.

 Circle the picture that is **bigger** in each row.

Size Differentiation

Pond Friends

Trouble in the Henhouse

 Circle the picture that is **smaller** than the first one.

Shoo, Crows!

Use a  to measure each scarecrow.

Write how many 🪙 tall each one is.

1.

2.

3.

What Comes Next?

 Color the picture to continue the pattern.

    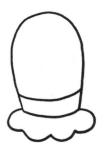

What Comes Next?

Color the picture to continue the pattern.

Circle the correct picture to continue the pattern.

    |

    |

    |

    |

What Comes Next?

 Circle the correct picture to continue the pattern.

 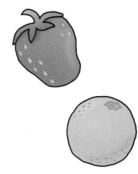

Color by Number

 Color the picture.

0 = **blue**   10 = yellow   20 = **purple**

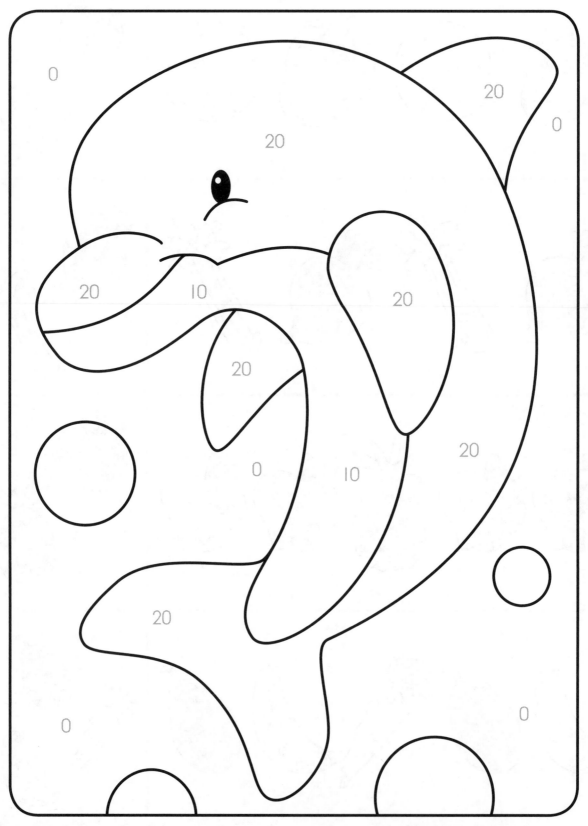

Color by Number

 Color the picture.

13 = green 2 = orange 7 = brown

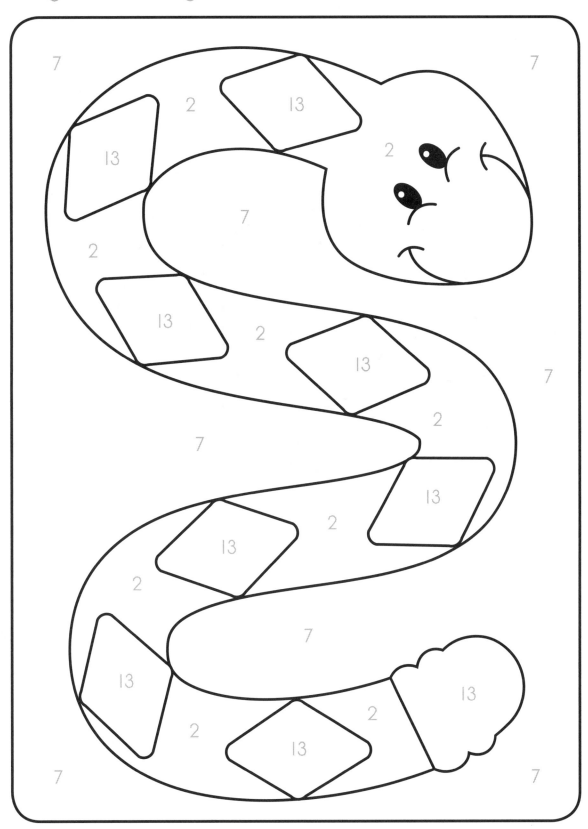

Color the picture.

16 = **red**   17 = gray   18 = **blue**

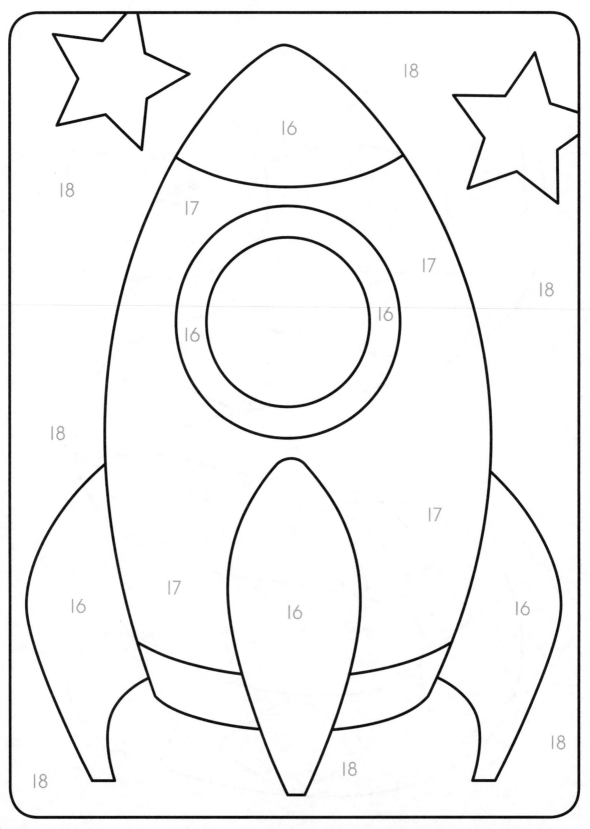

© School Zone Publishing Company 06364

Color by Number

 Color the picture.

8 = **blue**   9 = **purple**   10 = orange

Color the picture.

l = **brown**   2 = yellow   3 = **black**

Color the picture.

18 = **blue**   19 = **brown**   20 = green

Color the picture.

4 = **blue** 5 = pink 6 = green

Color by Number

 Color the picture.

5 = green   10 = red   15 = blue

Color the picture.

13 = **green**   14 = **blue**   15 = **brown**   16 = **orange**

© School Zone Publishing Company 06364

Color by Number

Color the picture.

10 = **brown** 11 = orange 12 = **blue** 13 = yellow

Number Maze

 Draw a line through the maze to get from **0** to **10**.

© School Zone Publishing Company 06364

Draw a line through the maze to get from **0** to **20**.

Finding Addition

 Read the addition sentences.
Write the **sums**.
 Find and circle the addition sentences in the puzzle.
The first one is done for you.

1 + 1 = __2__   4 + 4 = _____   7 + 2 = _____   5 + 1 = _____

2 + 1 = _____   2 + 6 = _____   2 + 3 = _____   7 + 0 = _____

2 + 2 = _____   1 + 8 = _____   4 + 1 = _____   4 + 3 = _____

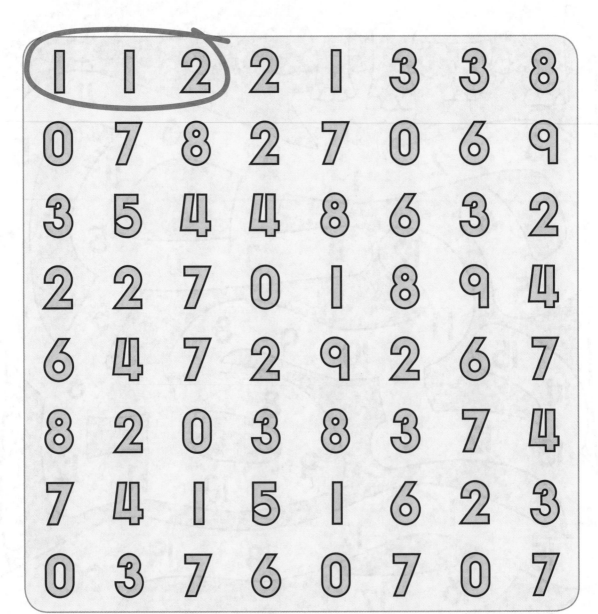

Read the addition sentences.

Write the **sums**.

Find and circle the addition sentences in the puzzle.

10 + 9 = ____	2 + 8 = ____	13 + 2 = ____
5 + 8 = ____	7 + 7 = ____	2 + 12 = ____
5 + 5 = ____	8 + 6 = ____	12 + 8 = ____
16 + 2 = ____	9 + 11 = ____	10 + 4 = ____

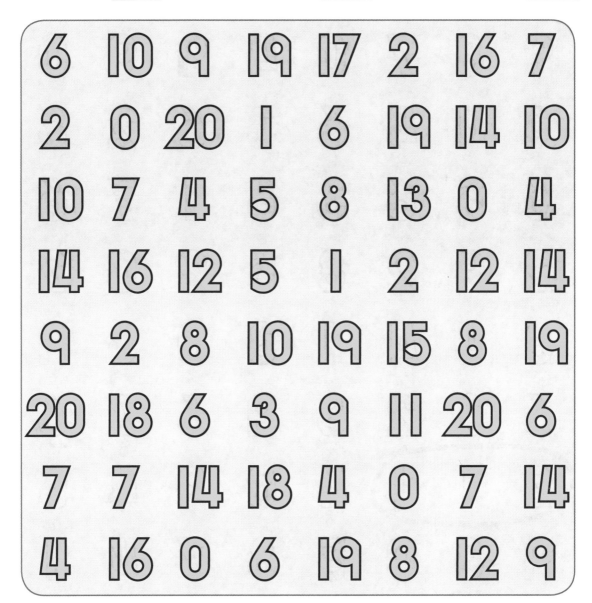

Addition Sentences

Read the subtraction sentences.
Write the **differences**.
Find and circle the subtraction sentences in the puzzle.
The first one is done for you.

2 – 1 = __1__   8 – 6 = ____   8 – 4 = ____   3 – 0 = ____

8 – 1 = ____   6 – 2 = ____   9 – 9 = ____   9 – 4 = ____

8 – 5 = ____   4 – 1 = ____   9 – 2 = ____   6 – 5 = ____

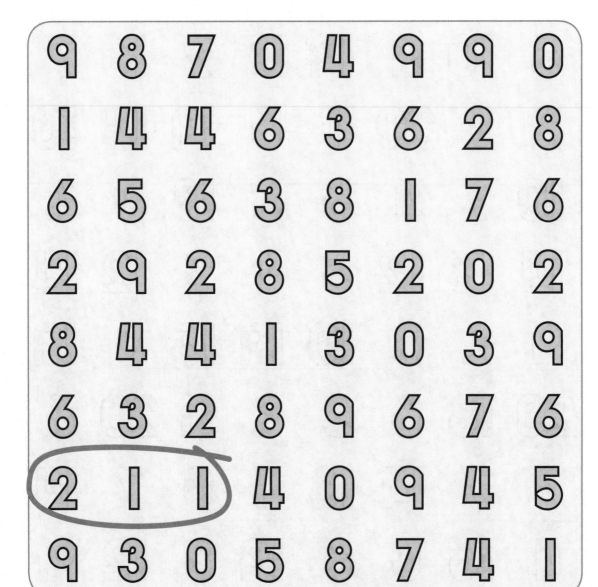

Read the subtraction sentences.

 Write the **differences**.

 Find and circle the subtraction sentences in the puzzle.

11 – 4 = _____   20 – 9 = _____   19 – 18 = _____

18 – 2 = _____   16 – 3 = _____   20 – 6 = _____

16 – 1 = _____   18 – 5 = _____   19 – 6 = _____

15 – 3 = _____   14 – 2 = _____   19 – 10 = _____

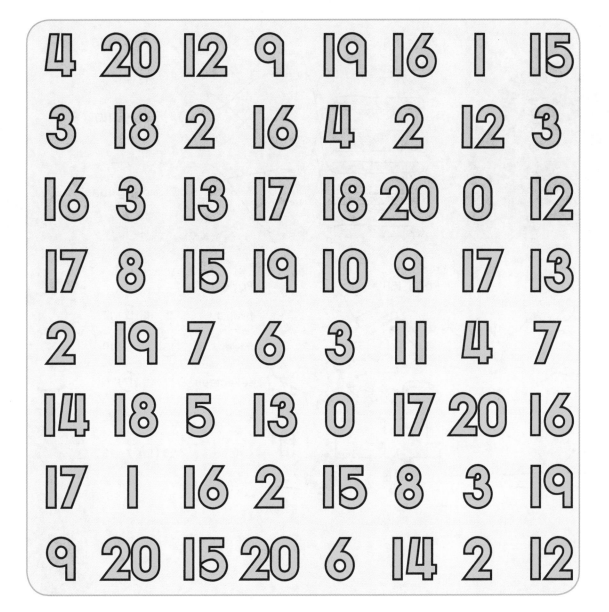

Subtraction Sentences 309

Answer Key

There is no answer key for pages 1–113, 118, 120–145, 155–165, and 294–303.

Page 114

Page 115

Page 116

Page 117

Page 119

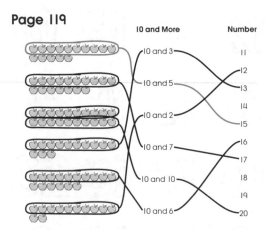

Page 146

11, 14
12, 13

Page 147

16, 15
18, 17

Page 148

18, 20
20, 19

Page 149

Page 150

Page 151

twelve	2	14	(12)	17
fifteen	(15)	17	5	10
seventeen	12	10	(17)	7
eleven	(11)	8	15	6
sixteen	20	(16)	7	13

Answer Key

Page 152

twenty	2	(20)	12	10
fourteen	(14)	15	19	17
eighteen	8	11	(18)	14
thirteen	14	12	(13)	19
nineteen	12	9	(19)	17

Page 153

12, 11
13, 14

Page 154

16, 17
15, 18

Page 166

4, 5, 6, 7, 8, 9
11, 12, 13, 14, 15

Page 167

Page 168

Page 169

Page 170

2, 1
3, 2

Page 171

4
4
6
5

Page 172

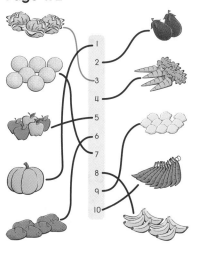

Page 173

2
4
6

Page 174

4, 1
3, 5
6, 10
2, 8
7, 9

Page 175

4, 9
6, 3
7, 10
5, 8

Pages 176-177

8   4
5   7
6   1

Pages 178-179

2   2
4   7
8   4
6   3

Page 180

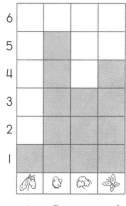

Answer Key

Page 181

Pages 182-183

duck 5   sheep 3

frog 3   cow 2

butterfly 7   bird 5

Pages 184-185

Animals with 2 legs						
Animals with 4 legs						
	1	2	3	4	5	6

Pages 186-187

crab 4   urchin 12

bird 6   fish 10

star 9   shell 7

Pages 188-189

fish 6   leaf 10

canoe 2   bird 8

frog 5   butterfly 12

Pages 190-191

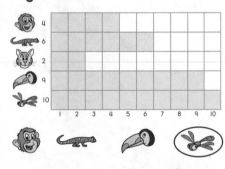

	1	2	3	4	5	6	7	8	9	10
monkey 4										
alligator 6										
tiger 2										
toucan 9										
dragonfly 10										

Page 193

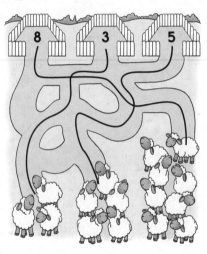

8   3   5

Page 194

8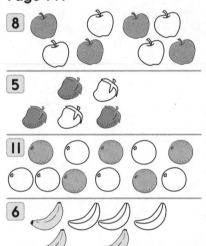

5

11

6

Page 195

10

12

7

9

Page 196

3
6
1
2

Page 197

1   4
3   8
9   5
2   7
6   10

Page 198

4   3
7   6
5   9
8   2

Page 199

2   7
11 8
6   4
9   10
5   7

Page 200

7
10
4
6

Page 201

7   3
10 6
4   8
11 5
9   12

Page 202

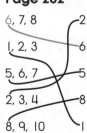

6, 7, 8   2
1, 2, 3   6
5, 6, 7   5
2, 3, 4   8
8, 9, 10 1

Page 203

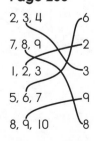

2, 3, 4   6
7, 8, 9   2
1, 2, 3   3
5, 6, 7   9
8, 9, 10 8

Page 204

2, 3, 4 — 6
5, 6, 7 — 9
8, 9, 10 — 10
4, 5, 6 — 7
7, 8, 9 — 4

Page 205

Page 206

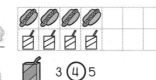

 3 ④ 5

3 ④ 5

4 5 ⑥

4 5 ⑥

Page 207

⑧ 9 10

⑧ 9 10

13 ⑭ 15

13 ⑭ 15

Page 208

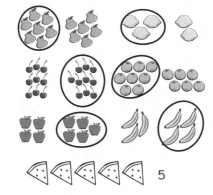

Page 209

5

Page 210

2 ④

3 1

④

3

★ ★ ★ ★ 4

Page 211

⑥   3   5   ⑧

7   ⑨   ⑤   4

⑦ 3 6 ⑩ ⑧ 4

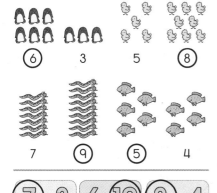

Page 212

⑤   4   ⑦   6

4   ⑥   ⑦   6

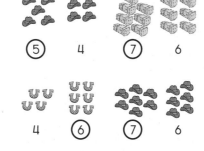

Page 213

2
③
9
6
8
7
6
8

Answer Key

Page 214

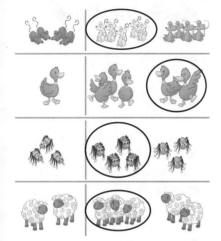

Page 215

Page 216

⑧   9   10   ⑨

⑥   7   ③   4

Page 217

3   ①

②   4

3   ②

5   ④

 2

Page 218

7   ⑥   ⑤   9

⑨   10   12   ⑪

③ 9   ④ 5   10 ⑥

Page 219

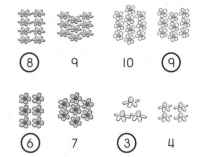

Page 220

Page 221

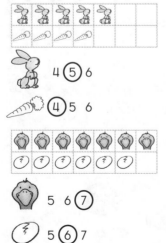

🐰 4 ⑤ 6

🥕 ④ 5 6

🐤 5 6 ⑦

🥚 5 ⑥ 7

Page 222

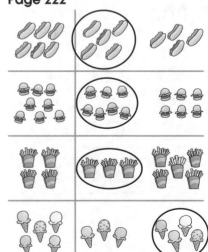

Answer Key

Page 223

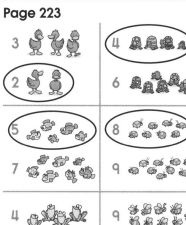

3, 2, 5, 7, 4, 3, 4, 6, 8, 9, 9, 7

Pages 224–225

Guesses will vary.

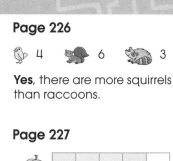

7   9   6

8   4   5

Page 226

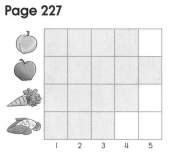

🐦 4   🐿 6   🦝 3

Yes, there are more squirrels than raccoons.

Page 227

1 2 3 4 5

Page 228

16, 17
16, 20
12, 15
13, 16
12, 14

Page 229

12	13
17	16
18	19
14	15
10	11

Page 230

12
17
14
10

Page 231

13	12
14	11
10	16
19	9

Page 232

14	15
19	18
20	11
16	17
12	13

Page 233

14, 15, 16, 17
17, 18, 19, 20
11, 12, 13, 14
8, 9, 10, 11

Page 234

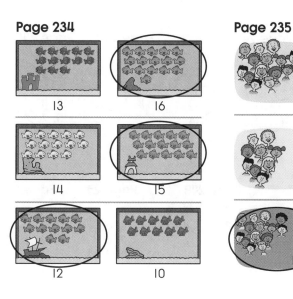

13   16
14   15
12   10

Page 235

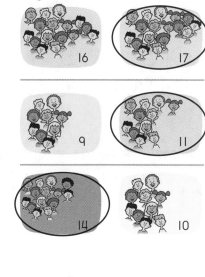

16   17
9   11
14   10

Page 236

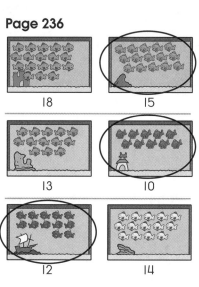

18   15
13   10
12   14

Page 237

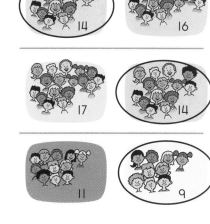

14   16
17   14
11   9

Page 238

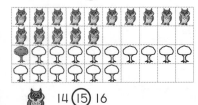

6 (7) 8

6 7 (8)

14 (15) 16

14 15 (16)

Page 239

8 (9) 10

(8) 9 10

17 (18) 19

(17) 18 19

Page 240

(8) 9 10

8 (9) 10

0

(13) 14 15

13 14 (15)

Page 241

(6) 3 | 5 (8)

7 (9) | (5) 4

(7) 3 | 9 (10) | (18) 14

Page 242

7 (6) | (5) 9

(9) 10 | 10 (8)

9 (3) | (18) 19 | (10) 16

Page 243

1. 3
2. 7
3. 6
4. 6

Page 244

1. 2
2. 3
3. 4
4. 4
5. 7

Page 245

1. 3
2. 5
3. 6
4. 4
5. 8

Page 246

1. 3
2. 4
3. 4

Page 247

1. 5
2. 3
3. 4

Page 248

1. 3   2. 4
3. 4   4. 4
5. 5   6. 5

Page 249

1. 3   2. 5
3. 6   4. 6
5. 5   6. 2

Page 250

1. 4
2. 6
3. 6
4. 7

Page 251

1. 2 + 1 = 3
2. 2 + 3 = 5
3. 1 + 3 = 4

Page 252

1. 1 + 2 = 3
2. 3 + 1 = 4
3. 2 + 4 = 6

Page 253

1. 3 + 1 = 4
2. 2 + 3 = 5
3. 1 + 3 = 4

Page 254

1. 2 + 1 = 3
2. 2 + 2 = 4
3. 3 + 2 = 5

Page 255

1. 8
2. 9
3. 10
4. 10
5. 9

Page 256

1. 13   2. 15

3. 12   4. 10

5. 15   6. 11

Page 257

1. 5   2. 4
3. 7   4. 6
5. 4   6. 7

Page 258

1. 1
2. 2
3. 3
4. 3

Page 259

1. 2
2. 3
3. 1
4. 5
5. 3

Page 260

1. 4
2. 1
3. 2
4. 4
5. 5

Page 261

1. 3
2. 2
3. 5

Page 262

1. 4
2. 5
3. 5

Page 263

1. 2
2. 4
3. 3
4. 3
5. 1

Page 264

1. 1
2. 4
3. 1
4. 3
5. 2

Page 265

1. 1
2. 2
3. 3
4. 4
5. 3

Page 266

1. 3 – 1 = 2
2. 4 – 2 = 2
3. 3 – 2 = 1

Page 267

1. 5 – 3 = 2
2. 3 – 2 = 1
3. 4 – 2 = 2

Answer Key

Page 268

1. 3 − 1 = 2
2. 5 − 4 = 1
3. 5 − 2 = 3

Page 269

1. 3
2. 3
3. 4
4. 6
5. 1
6. 2

Page 270

1. 4¢
2. 6¢
3. 7¢
4. 8¢

Page 271

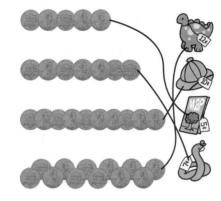

Page 272

Page 273

Page 274

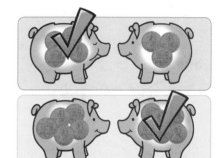

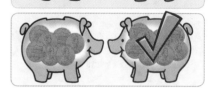

Page 275

Page 276

1. 5¢
2. 10¢
3. 8¢
4. 15¢

Page 277

Answer Key

Page 278

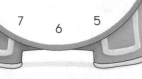

Page 279

7:00	12:00
1:00	10:00

Page 280

2:00	6:00
9:00	11:00

Page 281

1. 5:00 2. 10:00

3. 6:00 4. 12:00

5. 3:00 6. 8:00

Page 282

Page 283

2
3
4

Page 284

Page 285

Page 286

Page 287

Answer Key

Page 288

1. 6 2. 3 3. 5

Page 289

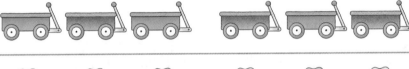

Pages 290–291

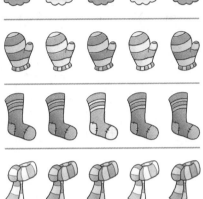

Page 292

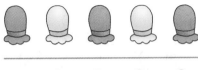

Page 293

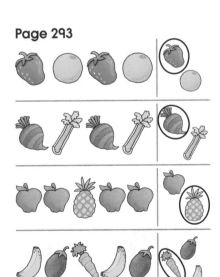

Page 304

Page 305

Answer Key

Big Math K-1 06364

Page 306

```
1  1  2  2  1  3  3  8
0  7  8  2  7  0  6  9
3  5  4  4  8  6  3  2
2  2  7  0  1  8  9  4
6  4  7  2  9  2  6  7
8  2  0  3  8  3  7  4
7  4  1  5  1  6  2  3
0  3  7  6  0  7  0  7
```

Page 307

```
6  10  9  19  17  2  16  7
2  0  20  1  6  19  14  10
10  7  4  5  8  13  0  4
14  16  12  5  1  2  12  14
9  2  8  10  19  15  8  19
20  18  6  3  9  11  20  6
7  7  14  18  4  0  7  14
4  16  0  6  19  8  12  9
```

Page 308

```
9  8  7  0  4  9  9  0
1  4  4  6  3  6  2  8
6  5  6  3  8  1  7  6
2  9  2  8  5  2  0  2
8  4  4  1  3  0  3  9
6  3  2  8  9  6  7  6
2  1  1  4  0  9  4  5
9  3  0  5  8  7  4  1
```

Page 309

```
4  20  12  9  19  16  1  15
3  18  2  16  4  2  12  3
16  3  13  17  18  20  0  12
17  8  15  19  10  9  17  13
2  19  7  6  3  11  4  7
14  18  5  13  0  17  20  16
17  1  16  2  15  8  3  19
9  20  15  20  6  14  2  12
```